유능한 사람은
이것이 다르다

말

유능한 사람은
이것이 다르다

비즈니스 컨설턴트 **김승용** 지음

책머리에

'칭찬하기를 포기하면 큰 잘못이다. 매력적인 것을 매력 있다고 말하기를 포기할 때는 매력적이라고 생각하는 것도 포기하는 것이기 때문이다.' 라고 오스카 와일드는 역설했다.

또한 '다른 사람을 설득하는 가장 좋은 도구는 우리의 귀, 즉 상대편 말에 우선 귀를 기울여 듣는 것.' 이라고 딘 러스크는 강조했으며, '다른 사람이 말하는 일에는 세심한 주의를 기울이고 되도록 말하는 상대방의 마음속으로 파고들도록 그대 자신을 길들이게 하라.' 고 마르쿠스는 말했다.

말솜씨가 좋은 베테랑들은 그다지 말수는 많지 않으나 침착하게 상대의 이야기를 잘 들으면서도 이쪽이 강조해야 할 핵심 포인트를 정확하게 요약하여 이야기하는 모습을 볼 수 있다.

흔히, 말솜씨란 프로와 같이 요점을 정확하게 정리하여 상대방의 마음을 능숙하게 유도한 후, 자신의 의도에 부합시키는 기술을 말한다.

우리들 주위에서도 '저 친구는 말은 많은데 핵심이 없어!' 라든가 '저 친구는 말은 잘하는데 조리 없이 늘어놓기만 해!' 라고 말하는 경우를 자주 보게 된다. 물론, 말솜씨는 어려운 영역이다. 그래서 성공하는 사람은 말하는 기술이 능숙하다는 이야기도 자주 듣는다.

우리 인간이 살아가기 위한 수단으로써 사회생활을 원만하게 보내기 위한 말솜씨도 당연히 사회 변화와 함께 크게 변화하고 있다.

기계(기구)가 음성을 발성하고 외국어를 번역·통역하기에 이른 지금에 이르러 인간 최대의 무기라고 할 수 있는 말솜씨·언어·스피치 등도 지금까지와는 다른 감각과 감정으로 개성을 강조하는 방법이 요구되고 있다. 특히, 최근에 말솜씨의 변화 경향을 살펴보면 첫째로는 TV, 인터넷, 영상 매체의 막대한 영향을 받고 있으며, 둘째로는 과거와 같은 장문형의 서신이나 말솜씨(스피치)가 점차 단문형으로 변하고 있다는 점을 들 수 있다. 셋째로는 표준말이나 일정하게 패턴화된 말솜씨보다는 각 개인이 지니고 있는 개성을 살리고자 하는 스피치가 사회적으로 폭넓게 받아들여지고 있는 추세이다. 그리고 넷째로는 방언이나 사투리도 대화하는 장소와 환경, 그리고 경우에 따라서는 상이한 형태의 개성으로 크게 평가받기도 한다. 무엇보다 능숙한 말솜씨는 우선 능숙한 듣기부터 시작해야 한다는 이야기가 있다.

따라서 옛날과 같이 일방적이고 독단적으로 늘어놓는 말솜씨는 통용되지 않을 뿐 아니라 공감대를 얻기 어려운 시대로 접어들었다. 이런 점에서 오늘날의 스피치는 새로운 형태의 말솜씨가 요구되고 있다.

즉, 첫째는 상대방을 가장 효과적으로 이해시킬 수 있는 방법을 개발하는 문제이다. 둘째는 달변의 말솜씨보다는 설득력 있는 말솜씨를 구사해야 한다. 셋째는 입에 발린 소리가 아닌 감동을 줄 수 있어야 한다. 넷째는 잡학雜學이나 잡담일지라도 보다 풍부한 정보를 많이 지녀야 한다. 다섯째는 개인의 습관(버릇)을 개성의 일부로 개발해야 한다. 마지막으로 서툰 말솜씨라도 상대방에게 이해가 쉽도록 전달해야 하며 보다 자신감 넘치는 열의가 있어야 한다.

말솜씨에서 소재(재료)가 풍부한 사람은 어디에서나 인기가 있다. 그러나 언제까지나 많은 이야기만 늘어놓는다고 좋은 것은 아니다. 간혹 '저 사람은 항상 이야깃거리는 많지만 듣고 싶지는 않다!' 라는 말을 듣는 사람도 있다. 왜냐하면 그 사람의 이야기는 지루하고 맥락이 없으며 또한 듣는 사람이 유쾌하지도 않고 가치가 없기 때문이다.

예로, 일본의 마쓰시다 고노스케 회장은 '잘 듣는 것' 으로 유명했다고 한다. 그는 언제나 '과연! 그렇군!' '그래요!' 라는 인상을 남기면서 정확하게 의문점을 찾아 내어 응수하면서 상대방이 더욱 열심히 말하도록 이끈다고 한다. 즉, 이해하고 공감을 나타내며 다음 이야기를 듣고 싶다고 표현했던 것이다.

따라서 말솜씨에서 요구되는 조건으로는 명확한 의도(방향), 신뢰와 안심감, 듣는 쪽의 이익, 구체적인 방법, 포인트의 종합, 그리고 공감(수용) 등을 들 수 있다. 이런 측면에서 이 책은 누구를 막론하고 혼자서 말솜씨의 숙달이 가능하도록 엮는데 심혈을 기울였다.

무엇보다도 이 책을 탐독함에 있어서는 과거의 고정 관념을 버리고 자신의 개성을 살리겠다는 자신감과 열의로, CEO와 직장인은 물론이거니와 일반인, 대학생, 여성, 전업주부, 자영업자, 서비스업에 종사하고 있는 모든 독자를 대상으로 엮은 말솜씨(스피치)의 실무 지침서라 할 수 있다.

끝으로 본 저서를 출간하게끔 배려해 주신 도서출판 매월당 김종대 사장님께 감사드린다.

김승용

차 례

chapter 3 말솜씨를 높이는 전제 조건

chapter 4 말솜씨를 높이는 진행 방법

chapter 1

왜, 말솜씨에서
감동이 중요한가

01_ '타인과 이야기한다.' 라는 말의 중요성

 우리는 남과 잠시 이야기를 했던 것만으로도 상대방의 지적 수준을 알 수 있다. 여기에는 결코 어려운 이야기를 한 것도 아닌데 이해를 못 하는 사람도 있다. 이래서 말솜씨가 중요한 것이다.

대체로 우리들의 일상생활은 보통 '좋은 아침입니다. 오늘 날씨 좋군요.' 라고 하는 인사말(대화)에서부터 시작한다. 새삼스럽게도 말할 나위도 없지만 '이야기한다.' 고 하는 것은 인간의 감정이나 모든 동작 등을 표현하는 것으로써 다음과 같은 의미와 기능을 지니고 있다.

◇ 자신의 감정을 표현한다.(희로애락)

◇ 하고 싶은 행동을 예고하거나 의뢰한다.

◇ 자신이 생각하고 있는 것을 발언하거나 표현한다.

◇ 타인(상대방)을 설득하고 이해시킨다.

◇ 각종 정보를 제공하거나 수집한다.

◇ 잡담이나 화제를 교환한다.(연락 사항)

◇ 자신의 의지를 표현한다.(Yes / No)

◇ 모르는 사항에 대해 문의하거나 교육을 받는다.

◇ 가족이나 그 밖의 사람들과 대화한다.(특히 의견 교환)

◇ 결과의 보고나 발표를 한다.

◇ 사물이나 사건에 대한 좋고 나쁨을 확인하거나 공감한다.

◇ 타인의 감정을 완화시킨다.(인사말)

◇ 사과를 한다.

◇ 험담이나 잡담을 한다.

◇ 인생이나 인정의 기미를 표현한다.

◇ 활자로 표현할 수 없는 것을 보충한다.

이렇듯 모든 사람은 인간으로 살아가기 위한 일체의 표현 방법으로 타인과 '이야기하는 것'이 필요하다. 만약 사회생활에 있어서 이야기를 하지 않고 문자와 그림만으로 모든 것이 표현되던 원시적인 사회가 오늘날까지 계속되었다면 과연 어떠했을까? 전혀 상상도 할 수 없는 암흑의 사회가 되었을 것이다.

이렇게 인간은 대화함으로써 사회생활을 영위할 수 있는 것이다.

또한 이야기하는 방법에 따라서 즉, 아주 이해하기 쉽고, 자신의 의사를 정확히 전달하여 상대방이나 사회가 이해하기 쉽게 할 수 있다면 보다 즐겁고 유익한 생활을 보낼 수 있을 것이다.

02_ 말솜씨는 우리가 살아가기 위한 중요한 수단

'이야기'라는 것은 조직 생활을 하며 살아가는 직장인들에게 없어서는 안 될 아주 중요한 요소이다. 예를 들어 다음과 같은 경우 우리는 생활을 유지해 나가기 위해 대화를 해야 한다.

◇ 가족과 함께하는 대화
◇ 갓난아기에서 성인으로 성장하는 과정에서의 대화
◇ 학교 교육에서의 대화
◇ 친구와의 교류에서의 대화
◇ 사회인으로서의 지식을 흡수하는 경우의 대화
◇ 연애 또는 결혼 생활에서의 대화
◇ 살아가기 위해서 일을 하는 경우의(일을 하기 위해서) 대화
◇ 자신의 꿈(목표)을 실현하기 위한 대화
◇ 사회적 지위(회사에서의 지위)를 얻거나 돈을 벌기 위한 대화
◇ 개인의 수준 향상을 도모하기 위한 대화
◇ 즐거운 가정을 만들기 위한 대화

인간은 태어나면서부터 죽음에 이르는 동안 계속적인 조직 생활을 하게 된다. 이러한 일생의 연속·반복적 행위의 과정은 사람들 사이에서 행해지는 '이야기' 장의 연속이라고 할 수 있다.

이야기를 통해서 자신의 의지를 사회나 상대방(친구, 사회, 판매상 등)에게 바르게 전달할 수 있으며 반대로 사회나 상대방으로부터의 의견 등도 들을 수 있다.

이 '이야기'는 사회인으로서 살아 나가기 위한 하나의 수단이며 보다 잘 살기 위해 필요한 의무라고도 할 수 있다. 또한 일부의 예술가(행위예술가, 무언극 배우)들을 제외하고는 인간의 능력이나 특성을 표현하는 수단으로서 점점 대화의 중요성이 높아지고 있다.

사회인이라면 어느 누구라도 이야기를 잘하지 못할 경우 은연중에 자신을 사회의 한구석으로 점점 밀어 넣게 되고 말 것이다.

이것은 생활 본래의 기본인 '의·식·주'를 보다 즐겁고 쾌적하게, 그리고 보다 진보적으로 추진시켜 나가기 위한 윤활유라고도 할 수 있다.

03_말솜씨는 사회생활에 필요한 사회인의 대화

대화하는 것이 살아가기 위한 중요한 수단이라면 사회인으로서 보다 좋고 쾌적한 삶을 유지하기 위해서는, 이야기하는 방법과 이야기의 내용을 좀 더 양적·질적으로 향상시켜 나갈 필요가 있다.

이야기를 양적·질적으로 향상시키는 방법으로는 다음과 같은 것들이 있다.

◇ 의·식·주라는 일반적인 내용만이 아니라 사회의 변화나 형상 등으로 관심을 돌린다.

◇ 두서없는 이야기에서 벗어나 지식이 되는 정보 등도 대화에 포함시킨다.

◇ 유아적인 이야기에서 어른스러운 이야기로 발전시켜 나간다.

◇ 좁은 지역은 물론 넓은 지역에서도 통용될 수 있는 이야기(한국 중심의 이야기에서 외국에 이르기까지)를 한다.

◇ 자신만이 알고 있는 이야기를 누구나가 잘 이해할 수 있는 이야기로 만든다.

◇ 자신의 사고방식(주관)만을 강요하지 말고 타인의 이야기도 잘 들어준다.

◇ 일방적으로 혼자서 떠드는 듯한 이야기보다는 좀 더 간략하게 단문短文으로 이야기한다.

◇ 어떠한 이야기라도 유머를 잃지 말아야 한다.

◇ 자신의 세계만을 생각하는 것에서 벗어나 사회 전체의 경향이나 풍조를 잘 가미해 나간다.

◇ 회의적인 이야기(불만이나 푸념)보다는 항상 긍정적인 이야기(앞으로 어떻게 할 것인가)를 한다.

◇ 상대를 무시하거나 바보로 취급하는 이야기는 지양한다.

◇ 상대방의 입장을 충분히 존중한다.

이 밖에도 '이야기 법'을 향상시켜 나갈 요소는 많이 있지만, 사회인으로서 항상 사회나 상대방이 받아들이기 쉽게 이야기할 수 있는 것이 중요하다.

04_말솜씨는 커뮤니케이션 촉진의 유일한 방법

 부모나 친구, 동료와 상사, 고객 사이에서 커뮤니케이션(의사 전달과 교류)이 매우 중요하게 부각되고 있다.

즉, 말하는 것을 잊어버렸다(깜빡 잊어버렸다), 말을 꺼내기 힘들다(말할 기회를 놓쳤다), 그것을 이야기해 두었으면 좋았을걸, 그때 말해 두었으면, 알고 있을 것이라고 생각했는데…… 등과 같이 대수롭지 않은 내용에 대해 '이야기하는 것'을 잊어버려서 큰 트러블이 일어나거나 서로의 감정을 상하게 하는 일이 종종 발생한다.

이러한 일로 인해서 부모와 자식 간의 희비喜悲, 친구와의 절교,

동료 상사와의 트러블, 고객의 불만 등 여러 가지 문제가 빈번히 발생하고 있다고 해도 좋다.

더욱이 의외의 것은 요즘 사람들은 그다지 글(문장)을 잘 읽으려고 하지 않기 때문에 편지나 통지문, 뉴스 등을 통해서 어떠한 사항을 안내한다고 해도 '읽지 않았습니다.' '보고 있지 않습니다.'라고 대답하는 경우가 많다. 그래서 사전에 문장으로 안내한 내용이라도 반드시 상대를 직접 만나든가 아니면 전화로 그 내용에 대해서 다시 한 번 이야기해 두는 것이 좋다.

이러한 이유로 인해서 이야기나 의논을 하는 것이 서로의 의사를 가장 확실하게 전달하는 유일한 방법이라고 하는 것이다. 이러한 커뮤니케이션이라는 촉진제의 활용을 통해 다음과 같은 효과를 얻을 수 있다.

◇ 부모와 자식 간의 대화의 단절 방지.(차 한 잔을 사이에 두고)
◇ 친구 사이의 우정 유지.(정기적인 만남을 통해서)
◇ 동료, 상사와의 동질 의식(상대방의 짬을 발견하여 이야기할 기회를 만든다) 형성.
◇ 고객의 신뢰감 유지.(정기적인 방문과 상담을 확실하게)

이야기를 할 때에는 올바른 정보, 정확한 내용을 가지고 이해하기 쉬운 방식으로 주장하고 싶은 목적을 명확히 이야기하는 것이 중요하다.

05_대화는 인간관계의 강화책

 우리는 흔히 '인간관계가 잘 되어서 안심이다.' '인간관계가 있다.' '인간관계가 강하다.' 라는 말을 자주 사용하고 있는데 이러한 말들은 사람과 사람의 교제에 대한 교제의 심도, 교제의 유무, 교제의 강약을 표현하는 방법으로 사용되고 있다.

이것은 사회의 집단 조직 가운데 특히 일정한 사람과 사람 사이의 관계 정도를 나타내며 어떠한 경우에라도 인간관계가 좋은 사람은 사람 사이의 교류를 부드럽게 진행시킬 수 있다. 이러한 인간관계의 촉진은 바로 서로의 '대화'나 '이야기'를 통해서 태어나며 자라고 깊어지는 것이다.

대화를 통해 인간관계를 강화하려면 아래와 같은 방법이 필요하다.

◇ 보다 많은 사람을 만나서 많은 대화를 나눈다.
◇ 서로를 이해하며 이야기한다.
◇ 아무것도 감추지 않고 이야기하도록 한다.
◇ 마음속 깊이 남을 만한 이야기를 한다.
◇ 공통의 화제를 가지고 언제나 즐겁게 이야기를 한다.

즉, 보다 많이 다른 사람과 만날 기회를 만들어서 세상 돌아가는 이야기나 인생에 관한 문제, 현재의 환경이나 고민 등에 대하여 숨

김없이 솔직하게 이야기하는 것이 인간관계를 보다 강하게 만들어 나가는 방법이라고 할 수 있다.

물론 인간관계에는 인맥이나 혈연, 지연적인 요소도 필요하지만 이러한 인간관계를 강력하게 보강해 주는 힘은 '서로간의 대화'를 통해서 가능하다. 즉, 서로를 이해하는 과정에서 발생하는 인간관계라고도 할 수 있다.

이러한 인간관계의 촉진법으로서 이야기는 능숙하고 보기 좋은 이야기보다는 서툴러도 진실한 태도로, 진지하게 상대방의 입장이 되어서 하는 것이 중요하다.

06_말솜씨는 활자로는 표현할 수 없는 것을 보충한다

말솜씨의 최대 무기는 활자(문장이나 편지)나 그림 등으로 정확히 표현할 수 없는 것도 이야기로는 표현할 수 있다는 점이다. 난해한 문장이나 옛말의 표현도 '이야기 법'의 하나인 구어체로 표현한다면 누구나 쉽게 이해할 것이다.

예를 들어, 옛날 풍의 어려운 표현을 사용한 문장이나 어구, 유창하게 흘려쓰거나 자기 나름대로 흘려쓴 필체, 활자로는 표현하기 곤란한 것이 많기 때문에 그 표현법을 억지로 짜낸 것 등은 활자 자체로만 이해하기에는 힘이 든다. 이러한 것을 이야기로 바꾼다면 어떻게 해서든지 말을 깨뜨릴 수 있으며 만약 그래도 잘 이해가 되지 않는다고 느낄 때에는 한 번 더 그 상황에 맞도록 스피치의 표현법을 바꾸어 더욱 알기 쉽게 이야기할 수 있다.

특히 사람의 인생이나 인정人情과 같은 기묘한 사연에 관계된 표현들은 활자로 표현하거나 나타내기 어려운 경우가 많이 있다. '이야기체(구어체)' 방식으로 이것 역시 간단히 표현할 수 있다.

이야기는 인생의 역사이며 한 사람 한 사람의 과거 경험의 축적이기 때문에 많은 사람이 모이는 집단 사회에서는 여러 가지 이야기 방법이 있으며 그 내용의 축적에 의해 사람들은 성장해 가는 것이다. 활자에서는 아무래도 맛볼 수 없는 많은 인생의 교훈이나 앞으로 인간이 나아갈 방향까지 표현된다.

07_말솜씨의 필요조건은 무엇인가

사회생활을 해나가는 데 있어 대화가 얼마나 중요한지는 앞서 기술했다. 그렇다면 이야기를 효과적으로 하는 방법은 무엇인가?

아주 능숙한 이야기, 훌륭한 이야기, 그저 그런 이야기, 서툰 이야기, 무엇을 말하는지 내용조차 알 수 없는 이야기 등 이야기하는 기술(테크닉)은 듣는 사람의 이해와 직접적으로 연결된다.

과연 말솜씨란 무엇인가? 한마디로 정의하자면 말솜씨란 '이야기하는데 필요한 일체의 기술'이라고 할 수 있다.

그럼, 말솜씨의 필요 요소에 대하여 살펴보자.

【 말솜씨의 필요 요소 】

◇ 이야기의 목적을 인식한다.
◇ 내용의 줄거리를 짜 맞춘다.
◇ 정보 등 대화의 소재를 준비한다.
◇ 몸가짐, 매너, 차림새에 유의한다.
◇ 이야기하는 방법을 효과적으로 사용한다.
◇ 이야기하는 시간을 고려한다.

그렇다면 이러한 일체의 기술에 대하여 자세히 알아보자.

◇ 이야기를 하는 목적 : 잡담 형식의 세상 돌아가는 이야기인가?
  아니면 명확한 목적을 가진 이야기인가?
◇ 이야기의 내용 : 목적에 기초하여 어떤 이야기를 시작하고 무
  엇을 말하고 끝낼 것인가?
◇ 정보와 화제 : 목적을 보강하기 위한 정보나 이야기의 분위기
  를 부드럽게 하기 위한 화제를 갖고 있는가?
◇ 몸가짐, 차림새 : 호감 있는 복장과 태도로 이야기를 이끌어
  나갈 수 있는가?
◇ 스피치 하는 방법 : 음량, 음성, 몸동작은 어떠한가? 이야기 도
  중에 방언을 사용하거나 말을 빨리하는 습관을 가지고 있지는
  않은가? 계속해서 일정한 톤을 유지하고 있는가?
◇ 이야기하는 시간 : 일정한 시간 내에서 약속한 시간을 준수하

여 이야기가 길어지지 않도록 주의한다.

이상의 6가지 요소를 잘 혼합 배분하는 것이 말솜씨라고 할 수
있다. 즉, 말솜씨란 목적에 기초하여 줄거리를 세우고 풍부한 정보
와 화제를 적시에 투입하여, 상대방에게 호감을 줄 수 있는 자세와,
목적을 충분히 이해시킬 수 있는 이야기 방법으로, 정해진 시간 내
에 끝낼 수 있도록 하는 것이 스피치의 기술인 것이다.

물론 이야기란 일방적이어서는 안 된다. 이야기는 어디까지나 상
대방과의 상호 작용이기 때문에 상대의 반응이나 태도에 따라 이야
기의 템포나 페이스를 변화시켜야 한다.

08_대화는 능숙하게 할 필요는 없다

흔히 '잘 이야기해야지.'라든가 '능숙하게
이야기를 하고 싶다.'는 이야기를 종종 듣는데
가장 적절한 말솜씨는 자신의 의사(이야기하고
싶은 것)를 상대방에게 확실하고 정확하게 이해시키는 것이다. 그렇
게 하기 위해서는 이야기를 하기 전에 상대방에게 이야기의 목적을
확실하게 인식시켜 두고 오늘은 누구에게 무엇에 대해서 이야기할
것인가 즉, 목적을 확실히 해두는 것이 가장 중요하다.

다소 말을 더듬는다거나 얼굴이 빨개진다거나 매우 재미있고 흥
미롭게 이야기를 할 수 없다고 해서 자기 자신을 비하할 필요는 없

다. 그러나 아무리 스피치에 기술이 부족하다고 해도 다음과 같은 태도는 곤란하다.

◇ 입속에서 웅얼웅얼 거리면서 무엇을 말하는지 알아들을 수 없게 하는 스피치
◇ 자신감 없어 불안해 보이는 스피치
◇ 핵심이 없이 지리멸렬한 이야기 방법
◇ 상대방의 반응을 무시한 태도
◇ 책을 통째로 암기하여 마치 그냥 책을 읽고 있는 듯한 이야기 태도
◇ 상대방의 시간을 고려하지 않고 자기 멋대로 이야기하는 태도
◇ 상식적이지 못한 천한 말을 사용하는 스피치

비록 스피치 기술은 능숙하지 않더라도 확실한 목적을 가지고 상대방이 이해할 수 있도록 쉽게 이야기해야 한다. 또한 상대방의 입장을 존중하고 상호 대화를 교환하면서, 열의를 가지고 스피치를 해야 한다.

09_말솜씨에서 말버릇 등은 개인의 개성으로 살리자

최근 개성화 시대가 되어가면서 과거 표준적인 패턴, 일반적인 형태로 이야기하던 시대와는 많은 차이점이 나타나고 있다. 개성 존중이 우선시되고 교통 시설(승용차, 고속도로, 철도, 항공기 등)이 발달함에 따라 도심과 지방의 교류가 가일층 활발해지고 있다. 이것은 국내뿐만 아니라 널리 국제적으로도 나타나고 있는 현상이다.

이러한 시기에 이야기를 전문적으로 하는 아나운서나 매스컴 관계자는 제외하더라도 일반인들은 이야기의 목적에 기초하여 방언(극단적으로 이해할 수 없는 것은 별도로 하고 일반적으로 사용되는 방언), 사투리, 개개인이 가지고 있는 이야기 버릇('에······', '음······' '저······' '마······') 등을 그다지 빨리 교정할 필요는 없다. 오히려 이런 습관들을 처음에는 개인이 가진 특징으로 살려서 당당하게 사용해도 상관없다.

표준어를 사용하는 것이 반드시 이야기 법의 최고라고는 할 수 없다. 탤런트 등은 오히려 이러한 방언이나 사투리, 이야기할 때의 버릇 등을 이용하여 자신을 상품화하기도 한다. 왜냐하면 이러한 것들은 오히려 보는 사람들에게 유머러스하고 독특하며 신선함을 느끼게 하기 때문이다.

따라서 방언이나 사투리를 사용한다고 해서 고민하지 말고 당당하게 발언하며 자신의 개성이라고 생각할 정도의 자신감을 가질 필요가 있다. 다만 이야기할 때의 버릇을 포함하며 서서히 일정한 시기와 장소에 따라서 자신이 가진 개성을 연마하여 조금씩 이야기법을 바꿔 나가면 좋다. 이야기를 어렵다고 생각하는 사람들 중에는 의외로 사투리 등으로 고민하는 사람이 많은데 아무런 걱정을 할 필요가 없다.

10_느린 말, 빠른 말 등도 개성이라고 할 수 있다

 눌변訥辯(뜸들이면서 하는 서투른 말솜씨)이나 말을 빨리하는 버릇 등도 오늘날에는 그 사람의 개성으로 인정해 주고 있다. 그러면 눌변이 되는 원인을 생각해 보자.

◇ 새로운 사회생활에 적응하지 못할 때
◇ 표준어를 사용하지 못한다는 쓸데없는 콤플렉스에 빠져 있을 때
◇ 대인 관계가 원만하지 못하다고 생각할 때
◇ 얼굴이 빨개지는 버릇이 있어 고민할 때
◇ 상대방의 이야기가 능숙하다고 생각될 때
◇ 무시를 당하지는 않을까 걱정하고 있을 때

위와 같은 사항을 대표적인 사례로 볼 수 있는데 그러나 이러한 과정은 누구나 거친다는 점을 인식하는 것이 중요하다. 눌변을 자인하는 사람들은(자세한 것은 나중에 설명하기로 한다.) 우선 다음과

같은 대책을 세우는 것이 좋다.

◇ 자신은 가능한 한 이야기를 하지 않으며 철저하게 상대방에게
  만 말을 시킨다.
◇ 학생이 선생님에게 가르침을 구하는 자세로 이야기한다.
◇ 이야기 처음에 '저는 이야기를 잘하지 못합니다.'라고 전제하
  고는 그 나름대로의 페이스로 이야기한다.

특히 오늘날은 장황하고 유려하게 이야기를 하는 시대가 아니라
가능한 한 짧고 간략하게 잘라 말하는 시대이기 때문에 이것으로
인해 걱정할 필요가 없다. 다수의 눌변인 사람들이 대도시의 톱 세
일즈맨이 되는 것을 보아도 알 수 있는 일이다.
또한 말을 빨리하는 사람들도 이것을 무기로(또는 개성으로) 삼아
이야기 중에 중요한 포인트(이야기의 목적)를 두세 번 정도 이야기
하도록 노력한다면 충분히 상대방을 이해시킬 수 있을 것이다.

11_말솜씨에 능숙한 사람은 듣기에도 능숙하다

 흔히 남들로부터 달변가라는 소리를 듣는 사람들도 태어날 때부터 이야기를 잘한 것은 아니다. 그들 나름대로 고민하고 노력하며 연구한 결과가 쌓여 오늘날 이야기를 잘할 수 있게 된 것이다. 당연히 그 사이에는 실패도 맛보았을 것이다.

대부분의 달변가들은 과거 이야기가 서툴렀을 때, 이야기를 잘하는 사람의 말을 잘 듣고 그 방법을 익히거나 다수의 사람들을 만나 이야기하면서 하나하나 자신의 것으로 만들어 나갔다고 한다. 자신은 아직 이야기하는 데 익숙해져 있지 않고 경험도 없기 때문에 능숙한 사람들로부터 배운다는 자세로 듣는 것을 철저히 한 것이다.

이처럼 말솜씨를 배우는 방법은, 옛날부터 사용되어져 온 이야기를 잘하는 사람을 찾아서 그 사람으로부터 많은 교훈을 얻는 방법이 오늘날까지 계속되어 오고 있는데, 다만 여기서 주의해야 할 점은 그 사람이 이야기하는 방법을 몸짓까지 그대로 포함하여 흉내를 내서는 안 된다는 점이다.

오늘날에는 옛날의 도제徒弟(직업에 필요한 지식이나 기능을 배우기 위해서 스승 밑에서 일하는 사람) 방식과 같이 몰래 훔쳐서 익히는 것만으로는 아무리 시간이 많다고 해도 부족하다. 자신의 개성을 살리기 위해서는 다수의 달변가와 접하여 듣는 것에 능숙해진 다음 빨리 자신의 개성을 살려 자기 나름대로의 이야기 방법을 발견하는 것이 중요하다.

어디까지나 자신의 개성을 살려 줄 수 있는, 이야기에 능숙한 사람을 만나서 차분하게 듣는 방법을 익히고 나아가 이야기에 능숙한 사람이 되기 위해 노력을 해야만 한다.

12_인품과 자신감도 말솜씨의 중요한 수단이다

 말솜씨를 향상시키기 위해서는 이야기하는 사람의 인간성이나 인품, 자신감, 신념과 목적 의식 등도 매우 중요하다. 아무리 말솜씨에 능하다 해도 일상의 언동이나 이야기하는 모양만으로는 누구도 그 사람이 이야기하는 목적이나 내용을 이해하지 못할 것이다.

따라서 말솜씨를 빨리 향상시키기 위해서는 아래와 같은 자세를 갖는 것이 도움이 된다.

◇ 날마다의 일상생활을 중요하게 보낸다.
◇ 거짓말이나 겉만 번지르르한 이야기는 하지 않는다.
◇ 상대의 입장을 존중하는 자세를 갖는다.
◇ 동정심 있는 태도와 기분을 가진다.
◇ 성의 있게 이야기한다.
◇ 진실한 언동으로 사람과 접촉한다.
◇ 언제나 목적(목표) 의식을 가지고 사람과 만난다.
◇ 강한 신념과 자신을 가지고 이야기한다.

◇ 서툴러도 열의를 가지고 이야기한다.

◇ 모든 일을 열심히 한다.

위의 사항에 마음을 기울인다면 이것이 말솜씨에 있어서 인품과 자신감(신념)으로 표현되어 비록 테크닉이 조금 미숙하고 서툴다 하더라도 충분히 남들로부터 인정받을 수 있는 이야기를 할 수 있게 될 것이다.

주눅 들고 적극적이지 못한 태도, 소극적인 태도 등은 말솜씨의 진보를 저해하는 요인이지만 그만큼은 계획적으로 서서히 탐구하고 연구한다면 누구든지 능숙하게 말솜씨를 구사하게 될 것이다.

chapter 2

성실함이
말솜씨의 기본이다

01_당신은 회의나 연수에서 발표에 자신감이 있는가

 우리들은 매일 수많은 사람들과 대화를 한다. 가족, 친구, 주변 사람, 그리고 회사에 가면 동료, 상사, 거래처 사람, 혹은 친척, 지인, 세일즈맨 등, 생각해 보면 매일 수많은 사람들과 얼굴을 맞대고 인사를 교환하고 대화를 하고 있다.

따라서 우리들은 하루 동안 수만 단어, 수십만 단어를 동원하면서 이야기를 하고 있는 셈이다. 그럼에도 많은 사람들은 말이라고 하는 중요성을 자각하지 못하는 경우가 많다. 따라서 일상적인 평범한 대화중에서도 수많은 오해와 편견이 존재한다는 것을 깨닫지 못하는 경우가 많다. 이런 점에서 '그것은 오해다!'라고 인식되었을 때는 뭔가 트러블이 발생한 때이다. 이렇듯 우리들은 어떤 문제에 휩싸여보지 못하면 말(단어)의 중요성을 깨닫지 못하게 된다.

예들 들면, '사람들 앞에서 말할 때 가슴이 두근두근한다, 긴장한다, 때문에 즐겁다!'라고 생각하는 사람은 한국인에게는 없을 것이다. 그러나 '이 긴장감이 살아 있는 증거다!'라고 말할 수 있는 사람이라면 사람들 앞에서 말하는 것은 매우 즐거운 일일 것이다. 따라서 그렇게 생각하는 것, 그렇게 말할 수 있는 것이 가장 빨리 '말하는 기술'을 숙달시킬 수 있는 방법이라고 생각한다.

흔히 회의나 연수에서의 발표에는 당신의 실력 이외의 요소가 상당폭 작용하고 있기 때문에 '이렇게 하면 좋다.'고 단정하여 말할 수는 없다. 그러나 '이것만은 착안해야 한다!'는 핵심적인 요소가 몇 가지 있다. 우선 말(말솜씨)에는 말하는 방법과 말하는 내용보다는 「말하는 의지」가 문제가 된다. 단지 '남에게 전하고 싶다.'든가 '알았으면 한다.'고 하는 의지意志 없는 이야기는 타인을 움직일 수 없다. 따라서 아무리 좋은 것을 이야기해도 '잘 발표했다.'는 인상을 남기지는 못한다.

흔히 회의 내용에서 자신이 열심히 생각하여 발표하였는데 다른 사람의 보충 설명으로 모두가 납득할 수 있게 되었을 경우는 주인공이 뒤바뀌게 되는 셈이 된다. 이런 점에서 사람들 앞에서 발표하는 이상 「자신감을 가지고 자신의 생각을 주장하는 것」이 중요하다.

여기에서 능숙하게 발표한다는 것은 자신이 전달하고 싶은 것을 어떻게 완전하게 전달할 수 있느냐에 달려 있다. 그런데 대부분의 사람들은 '전달한 결과가 어떻게 될 것인가?'라든가 '이렇게 말하면 다른 사람들이 어떻게 생각할까?'만을 생각한다. 그러나 이런 생각은 어리석은 일이다.

이야기란 결과에 대해 책임질 각오가 없기 때문에 말에 설득력이 나오지 않게 되는 것이다. 따라서 전달하고 싶은 내용은 그때까지로만 생각할 일이며 '사람들 앞에 섰을 때는 어떻게 해서든지 능숙하게 전달해야겠다.'고 다짐하면서 전력투구해야 한다.

흔히 많은 사람들은 능숙하게 말할 수 없기 때문에 자신감이 없다고 말한다. 그러나 이런 태도는 자신감이 없기 때문에 능숙하게 말할 수 없다는 악순환에 빠지게 된다. 이런 현상은 너무 많은 것을 생각하기 때문에 발생한다. 따라서 당신은 발표자로서 기대하고 있는 역할을 연출하면 좋은 것이다.

이때 대부분의 경우는 대본이나 내용은 정리되어 있을 것이다. 여기에서 무엇보다 중요한 것은 '어떻게 알기 쉽고 세련되게 전달할 것인가' 하는 점이다. 특히 여기에서 지녀야 할 자세는 서비스 정신이라 할 수 있다.

02_왜 말솜씨에서 능숙하고 서투름이 생기는가

 말솜씨의 좋고 나쁨은 단순히 말하는 내용뿐 아니라 전달하는 필요성을 듣는 사람이 어느 정도 의식하고 있는가가 중요하다. 따라서 말하는 것을 열심히 하는 것도 좋지만 진정으로 전달할 내용을 잊고 말하는 것에만 전념하고 있는 경우는 당신의 의지와는 상관없이 정말 전달하고 싶은 것을 전하지 못하는 결과를 초래한다. 즉, 이런 현상은 자기도취에 빠져 노래방에서 자기 애창곡을 외쳐대는 경우와 유사하다고 볼 수 있다. 물론 노래는 누구든 즐겨 부르지만 듣는 사람의 마음을 즐겁게 해줄 수 있는 배려와 실력이 중요하다고 본다. 따라서 전달하려는 노력이 중요하다. 이때는 분명히 마음(기분)이 들어가 있지 않으면 능숙하게 전달할 수 없게 된다. 즉, 말하는 것이 아니라 전달하는 것이다. 이런 점에서 말솜씨는 사람의 마음에 이야기하는 것이지 단순히 입으로만 만족해선 안 된다.

기업의 사장(CEO)들 중에서도 말솜씨가 능숙한 사람이 있는가 하면 그렇지 못한 사람도 있다. 그런데 흔히 사장들의 이야기는 듣는 사람(직원)들의 귀에 잘 전달된다. 물론 이해관계로 얽힌 사람들이라는 이유도 있을 것이다. 그러나 대부분의 사장들은 자신의 생각, 전달하고 싶은 내용을 완벽하게 종합하여 그것을 정확히 전달하려는 노력을 해왔기 때문이다. 그런 노력이 없으면 사람(직원)을 움직일 수 없으며 회사도 위태해진다.

대체로 말이 빠른 사람은 짧은 시간에 많은 내용을 전달하려고 애쓴다. 그러나 듣는 사람의 입장에서는 대단한 수고를 강요받게 된다. 이때 듣는 사람은 많은 내용을 접수하면서 새겨들어야 하기 때문에 피곤해지거나 혼란에 빠지게 되는 경우가 많다.

물론 우수한 정보처리 능력을 보유한 사람이라면 빠른 템포의 대화에서도 자극을 받아 창조적인 활동에 들어갈 수 있다고 본다. 그러나 상당수의 사람들은 자신의 머릿속을 정리하면서 이해하기 쉽게 들으려고 하는 것이다. 또한 개중에는 최신의 정보나 지식의 획득보다는 그 장소에서 듣는 것을 즐겨하는 사람들도 많다.

말이 많아 실패하는 경우는 최악의 패턴이다. 즉, 듣는 사람의 배려가 없다는 점에서 대화(말솜씨)의 실력을 떠나 실격이다. 말솜씨(말)는 단지 1분간이라도 듣는 사람은 짧은 인생의 어느 한순간(시간)을 당신의 이야기에 귀를 기울이는 것이다. 말솜씨가 능숙한 사람은 듣는 사람의 입장(위치)을 끊임없이 생각하면서 자신의 이야기(말)를 조절하는 사람이다. 따라서 말솜씨는 내용보다는 전달하는 방법이 중요하다. 즉, 말하는 사람(내용, 전달 방법), 듣는 사람[이해, 정도(질, 지식)], 듣는 방법(열쇠)이라는 공식이 성립된다. 이런 점에서 단언하자면, 내용이 없어도 전달하는 역량이 있다면 듣는 사람을 만족시킬 수 있는 것이다.

여기에서 듣는 사람은 한 명일 경우도 있고 100명, 1,000명이 될 경우도 있다. 따라서 그때그때마다 모든 사람들을 만족시키려면 이야기의 내용만으로는 어려움이 있다. 그러므로 전달하는 방법이 중요한 것이다. 서툰 말솜씨라고 하는 것은 내용보다는 전달하는 방법에서 기본적인 규칙을 지키지 않았기 때문에 듣는 사람들이 그렇게 느껴지게 되는 것이다.

이런 점에서 당신이 스피치 할 때 자신의 이야기에 대해 다음과 같은 내용을 체크해 볼 필요가 있다.

◇ 듣는 사람을 보고 있는가
◇ 원고만 보며 말하고 있지는 않는가

◇ 듣기 어려운 말을 사용하고 있지는 않는가

◇ 듣는 사람들은 이야기의 내용을 이해하고 있는가

◇ 필요 이상으로 길지는 않는가

◇ 같은 이야기만 반복하지는 않는가

◇ 이야기의 순서는 어떤가

◇ 사실(진정한 말)과 의견(추측)의 차이는 명확한가

◇ 전문 용어나 어려운 말만을 사용하고 있지는 않는가

◇ 작은 목소리로 소곤소곤 혼잣말을 하고 있지는 않는가

◇ 이야기가 횡설수설하고 결론이 없지는 않는가

◇ 이야기에 결함(결손)이 많지는 않는가

다음 내용은 말솜씨에서 착안해야 할 핵심적인 체크 포인트이다.

① 호감도

- 매너 : 깔끔하다.
- 태도 : 정중하며 자신감을 갖고 있다.
- 자세 : 열심히 하는 모습이다.
- 열의 : 성실하다.
- 준비 : 숙달되어 있다.

② 듣기 좋은 목소리

- 음성의 크기 : 크다.
- 음성의 속도 : 적당하다.

- 음성의 비중 : 차분하다.
- 발음 : 듣기 쉽다.
- 간격 : 좋다.

③ 내용의 이해도
- 수준(레벨) : 알기 쉽다.
- 예(사례) : 듣는 사람에게 맞는다.
- 포인트 : 적절하다.

03_말솜씨에 능숙한 사람은 어떤 스타일인가

 흔히 말솜씨에는 조회 미팅, 강연, 테이블 스피치, 보고회, 발표회 등 다양한 종류가 있다. 따라서 어떠한 스피치이든 중요한 것은 알고 싶어 하는 사람에게 알고 싶은 것을 알리는 것이다.

이런 점에서 말솜씨는 첫째로, 자신의 입장과 이야기의 목적을 아는 것과 둘째로, 자신의 입장을 부각시키도록 한다. 이때는 다른 사람보다 먼저 알고 있는 것을 말하도록 한다. 셋째는, 자신밖에 알지 못하는 것 즉, 특종 정보를 피력하도록 한다.

특히, 말하는 사람은 모두가 달라도 듣는 쪽은 같으며, 따라서 동일한 내용을 듣고 싶어 하지는 않는다. 즉, 알고 있는 것은 필요가 없다는 이야기가 된다.

그리고 장시간의 긴 스피치는 싫어하는 것이 일반적이다. 따라서 대략 2분간의 예정으로 천천히 말하면 3분간이 된다. 이것을 분과 글자 수로 표현하면 3분 동안에 1천 자 정도가 된다.

무엇보다 말솜씨는 주변에 있는 사람으로부터 배우는 것이 가장 빠르다. 그 사람의 이야기를 들어보고 자기 나름대로의 기준을 세워 좋은 점만을 배워가도록 한다.

능숙한 말솜씨란 다음과 같은 이야기를 말한다.

◇ 이야기에 빠져들어 시간 가는 줄 모른다.
◇ 다른 시간·공간이 출현한다. (다른 차원의 체험이 가능하다).
◇ 자신을 높이는 기분이 된다.
◇ 프라이드가 생긴다.
◇ 즐겁고 밝고 재미있다.
◇ 그 사람의 세계를 맛볼 수 있다.
◇ 자신감과 생기를 부여받는다.
◇ 진심어린 의견이 가슴에 와 닿는다.

그리고 말솜씨가 능숙한 사람, 인상에 남는 이야기를 하는 사람에게는 다음과 같은 공통점이 있다.

◇ 공통된 화제를 제공하고 친근감을 갖게 한다.
◇ 자기 개방, 실패담, 체험을 말한다.
◇ 매너를 잘 지킨다.

◇ 외모(외관)와 이미지가 좋다.

◇ 유머와 웃기는 이야기로 즐겁게 말한다.

◇ 기품과 품격이 있다.

◇ 눈빛이 밝다.

◇ 격려하고 분발시킨다.

◇ 놀라게 한다.

◇ 모르는 것을 알게 한다.

그리고 말솜씨에 능숙한 사람은 다음과 같은 특성(매력)을 지니고 있다.

◇ 처음으로 듣는 것 : 새로운 정보, 지식

◇ 반복해서 말한다 : 핵심 키워드

◇ 중요한 것 : 핵심 포인트

◇ 들어서 좋았던 것 : 메리트

◇ 이상하다고 생각한 것 : 의문 해소

◇ 공감할 수 있는 것 : 찬성, 동의, 반론 등

04_말솜씨의 서툼을 교훈으로 삼는다

 말솜씨가 능숙한 사람을 보고 감명받았다면 다음에는 말솜씨가 서툰 사람을 꼼꼼히 관찰해 보도록 한다. 그리고 말솜씨의 숙달을 위해 다음과 같은 사항을 생각해 보도록 한다.

◇ 그 사람 이야기(말솜씨)의 무엇이 좋지 않은가
◇ 그 사람은 어떻게 고치면 좋은가
◇ 자신에 대해서는 어떤가
◇ 자신은 어떻게 고쳤으면 좋은가

그러고 나서 다시 한 번 말솜씨가 능숙한 사람을 보고,

◇ 그 사람은 어떻게 하고 있는가
◇ 그것은 어떻게 해서인가
◇ 자신은 그것이 가능한가
◇ 자신에 대해 가장 좋은 수정 방법은 무엇인가

따라서 이와 같은 사항을 반복하여 자각하고 수정함으로써 당신의 스피치 결점은 상당히 개선될 것이다.

다음으로 흥미롭지 않은 이야기란 무엇인가? 당신이 듣는 입장이라면 어떤 이야기를 들었을 때 재미없다고 느끼는가를 고려한다.

흔히, 다음과 같은 경우이다.

◇ 대화 소재가 빈곤하다.
◇ 임팩트(쇼킹한 내용)가 없다.
◇ 듣고 싶지 않은 내용뿐이다.

그리고 이것을 좀 더 구체적으로 표현하자면 다음과 같다.

◇ 그 이야기는 좋지 않다 : 재미없다, 관심 없다, 싫어한다.
◇ 그 이야기는 필요 없다 : 아무래도 좋다, 자기에게 관계없다,
  메리트 없다.
◇ 그 이야기는 너무 어렵다 : 머리를 써야 한다, 골치 아프다, 모
  르는 것뿐이다.
◇ 그 이야기는 지금 듣고 싶지 않다 : 유용하지 않다, 다음 기회
  에 들어도 좋다.
◇ 그 이야기는 벌써 알고 있다 : 지루하다, 쓸모없다.

이와 같은 경우는 듣는 사람과 말하는 사람 사이에 문제의식(결
함)이 생기며 듣는 쪽은 다음과 같은 요소를 얻을 수 없다고 믿기
때문에 귀찮게 생각하는 것이다. 즉,

◇ 미지未知의 시계 : 아! 아!(흥미, 신선함)
◇ 알게 된 것 : 과연!(이익, 경고)

◇ 깨달은 것 : 응, 그렇군!(자기 개발, 교훈)

이런 점에서 말솜씨는 자신이 이야기하려고 하는 내용에 대해 차분하게 검토할 필요가 있는 것이다.

05_일상적으로 사용하는 말에 주의하라

 인간은 누구를 막론하고 나름대로의 표현 기술을 갖고 있다. 여기에서는 주변 사람들의 스피치를 연상해 보도록 한다. 아마도 여러 가지의 특성과 패턴을 지니고 있을 것이다. 주변 사람들의 말솜씨를 보고 자신의 스피치 습관을 비교해 보고 착안할 수 있다면 스피치 기술은 빠르게 향상될 것이다.

예를 들면, 말하는 도중에 몇 번이나 사용했던 말을 반복해서 사용하지는 않는지도 체크해 볼 필요가 있다. '매우' '여러 가지' '대단히' 등 의외로 착안하지 못한 채로 한두 가지 단어를 몇 번이나 반복하면서 말하는 사람들도 많다. 물론 듣는 입장에서는 해석하기 나름이겠지만 동일한 말을 수차례 반복하게 되면 지식 밑천에 의심이 가지 않을 수 없다.

무엇보다 동일 단어를 많이 사용하지 않는 것이 바람직하다. 말솜씨에서 가능한 한 피해야 할 말을 소개하자면 다음과 같다.

◇ 전문 용어

◇ 업계 전문의 직업 용어

◇ 동료들 간의 말, 언어

◇ 유행어, 영어, 기타 외국어 등

무엇이든 '말한다.'고 하는 행위는 특별한 것은 아니다. 지금 비즈니스를 하는 사람이건 직장인이건 주부이건 일에 몸담고 있는 사람이면 하루라도 스피치(말)를 하지 않고서는 보낼 수 없을 것이다.

그런데 흔히 처음 만나는 사람이나 유명인과 이야기할 때는 두근두근하며 불안스런 마음으로 대화하는 경우가 많다. 그러나 그 상대방과 친숙하게 되면 그런 현상은 싹 가시게 된다. 아마도 당신은 가족이나 친구, 선배들과 대화하는 데 있어 초조함이나 긴장감은 느껴보지 못했을 것이다.

따라서 능숙하게 말하지 못하는 것은 말한 내용이나 스피치 방법상의 문제뿐만 아니라 자신의 입장과 그 장소의 분위기에 영향을 받게 된다고 말할 수 있다. 대부분의 사람들은 '말하는 것'에서가 아닌 '언제나 훌륭한 사람과 언제나 다른 장소에서 뭔가를 하는 것'에 대해 긴장하게 되는 것이다.

이런 점에서 시중의 스피치 학원에서는 트레이닝을 시킬 때 이야기의 내용 그 자체보다는 사람들 앞에 서는 실습을 중요시하고 있다.

그럼 여기에서, 흔히 사람들이 왜 대중 앞에 서면 초조해하고 긴장하는 것일까? 그것에는 다음의 세 가지 원인이 있다. 첫째는, 각

오가 없기 때문이다. 둘째는, 자의식 과잉증에 빠지기 때문이다. 여기서 유감일지 모르나 사람들은 당신이 생각하는 것처럼 당신의 일이나 행위를 그다지 신경 쓰지 않으며 기대하지도 않는다는 사실을 인식할 필요가 있다. 셋째는, 실패할지도 모른다고 생각하기 때문이다.

대부분의 듣는 사람들은 스피치 할 때 실패하는 것을 곧 잊어버린다. 따라서 그다지 인상에 남지 않는 당연한 스피치, 평범한 스피치보다는 실패해도 강한 인상을 남길 수 있는 쪽이 오히려 바람직하다고 볼 수 있다. 왜냐하면 그곳에 당신의 존재가 강하게 부각되기 때문이다.

06_능숙한 말솜씨를 위해 메모를 이용한다

 말솜씨를 능숙하게 하기 위해서는 사전에 이야기하고 싶은 항목(내용)을 도출하여 구성한 후 알기 쉽게 써두도록 한다. 이를 위한 이야기의 내용과 정리 순서는 다음과 같다.

◇ 자신이 그곳에서 느낀 점, 생각한 점은 무엇인가(다른 정보나 신문의 칼럼 등도 좋다)

◇ 그 사례를 통해 취할 수 있는 것은 무엇인가

◇ 그것을 어떻게 자신의 행동이나 생각에 연결시킬 것인가

◇ 그곳으로부터 생각나는 이야기는 무엇인가

◇ 그것을 어떻게 종합할 것인가

또한 이야기할 때에 사용하는 메모는 너무 작으면 보기 어렵기 때문에 A4 사이즈 정도의 큰 것이 좋다. 따라서 메모는 한눈에 알 수 있도록 간결하게 쓰도록 하며 충분한 여백을 만들어 둔다.

그리고 전체와 부분과의 관계를 알 수 있도록 써야 한다는 점을 염두에 두도록 한다. 그런 다음 메모를 보면서 스피치 연습을 해본다. 이때 문장의 암기는 불필요하다.

다음으로 스피치의 숙달을 위해서는 이야기하는 대신 원고에 써본다. 대체로 일 대 일(1:1)의 대화라면 다른 이야기가 조화에 맞지 않는다 해도 상대가 지적해 주는 말로 궤도 수정을 하면서 부드럽게 이야기를 할 수가 있다. 그러나 대중 스피치의 경우는 듣는 쪽에서 결점을 지적해 줄 수가 없다. 따라서 머릿속에서 이야기를 정확히 조립해 두지 않으면 이야기가 엉뚱한 방향으로 흘러가게 된다. 그리고 결국은 횡설수설하는 이야기가 되고 만다. 이를 예방하기 위해서는 미리 원고를 써서 이야기의 줄거리를 확실하게 머릿속에 정리해 두는 것이 중요하다. 또한 원고를 만든다고 하는 것은 스피치의 시간을 알 수 있다는 장점도 있다.

보통 사람들이 1분 동안에 이야기하는 글자 수는 약 350개 정도라고 한다. 따라서 2분의 경우라면 약 700자, 3분이라면 약 1천 자 정도를 말하게 되는 것이다.

07_자신이 말하는 장면을 이미지 해본다

 스피치에서 자신의 실력을 발휘하기 위해서는 이미지 트레이닝이 중요하다. 이것은 스포츠나 예술 분야에서는 이미 오래전부터 도입한 바 있으며 멘탈 트레이닝과 함께 자신이 지닌 능력을 발휘하는데 큰 역할을 하고 있다.

여기에서, 이미지 트레이닝을 하는 방법으로 우선 스테이지에 서 있는 자신을 가능한 한 구체적으로 이미지 해본다. 사회자의 소개가 있고 앞에는 당신의 이야기를 들으러 온 수많은 사람들이 있다. 그 이미지를 가지고 이야기를 해본다. 가능하다면 실제로 소리를 내어가면서 연습하는 것이 바람직하다. 그리고 이것을 비디오테이프(카세트테이프)에 담아두도록 한다.

이때는 가능한 한 가족이나 친구를 경청자로 하여 스피치 하게 되면 보다 빠르게 숙달할 수 있다. 그런 후 나중에 테이프를 보면서 잘된 점과 잘못된 점을 체크해 보도록 한다.

흔히 사람들 앞에서 이야기할 때 목소리가 잘 전달되지 않는다든가 전화 중에서도 목소리가 작아 몇 번이나 반복하여 말해야 되는 사람들이 있다. 대체로 이런 사람들은 패기가 없다. 즉, 이런 현상은 목소리가 도달하지 않는 것이 원인이 아니라 그 사람 자신에게 스피치로써 필요한 기백이 충족되어 있지 않기 때문이다. 목소리도 컨트롤해야 한다는 점에서 기력(기백)의 집중력은 두 사람 이상의 테크닉이 필요하다. 예를 들면, 오페라 가수나 일류 스포츠 선수들의 파워는 반사 신경을 가지고 있으며 초능력자이면서 목소리를 기력(기백)과 함께 집중하고 있다고 볼 수 있다. 따라서 수많은 사람들 앞에서 자신의 몸 하나로 뭔가를 부여해 주기 위해서는 체력, 집중력, 기력은 필수불가결한 요소이다. 자신이 스피치 이미지를 향상하기 위한 방법으로 말솜씨의 모델이 될 수 있는 사람들이 있다.

다음에 기술하는 사람들은 말솜씨의 프로들이다. 이들의 장점과 강점을 표본으로 삼아 연습해 보는 것도 중요하다.

◇ 아나운서 : 매너, 표준어, 악센트, 인토네이션(억양), 정확성 등
◇ MC : 제스처, 표정, 파워, 임팩트, 음성, 스피드 등
◇ 성우 : 발음, 개성, 음성, 이야기 소재 등
◇ 만담가 : 전달 방법, 동작, 틈(간격), 유머, 소도구 사용 등
◇ 피스나리티 : 커뮤니케이션 기술, 친근감 등
◇ 낭독가 : 이미지 창조 기술, 말솜씨 등

08_말솜씨는 연습해야 강해진다

 이야기는 이야기의 내용을 만드는 것과 그것을 전달하기 위해 음성으로 표현하는 것이다. 따라서 말솜씨에 능숙하기 위해서는 핵심적인 트레이닝이 필요하다. 즉, 문안 작성과 표현 연습을 숙달하면 말솜씨는 반드시 숙달된다. 최근 기업의 조회 미팅에서 3분간 스피치를 시키고

있는 회사들이 많아지고 있다. 물론 일부 사원들은 귀찮아할지도 모른다. 그러나 분명히 조직을 단합시킬 수 있는 좋은 방법이다. 무엇보다 자신의 이야기를 들어주는 사람들이 있다는 것은 행복한 일이다.

그런데 유감스럽게도 '무엇을 이야기할 것인가?'만을 생각하고 핵심인 '어떻게 전달할 것인가?'를 생각하는 사람은 많지 않은 게 사실이다. 따라서 과연 어떻게 해야만이 재미있는 화제話題와 함께 자연스럽게 전달할 수 있는 말솜씨를 개발할 것인가에 대해 생각해 본다. 여기에서는 무엇보다 이야기를 만드는 것도 중요하지만 상대방에게 전달하기 위해 최대한 큰 소리로 가능한 한 문안을 보지 않고 스피치 할 수 있는 트레이닝이 중요하다. 이때는 정확하게 읽는 것도 중요하지만 가령 틀려도 괜찮으니 확실히 전달되도록 말할 것을 중점으로 한다. 여기에서 잊어버린 것은 그 장소에서 보강하여 이야기하도록 한다.

그리고 문안 작성이 어렵다면 유력 신문의 칼럼 등을 읽고 그곳에서 이야기 소재로 종합하는 방법도 있다. 이때는 신문을 그대로 읽을 것이 아니라 반드시 자신이 생각한 것, 느끼는 점을 포함하여 이야기 소재로 전달할 수 있는 문체, 스타일, 말(언어)로 바꾸는 공부를 하도록 한다.

자신의 이야기를 비디오테이프나 카세트테이프에 담아 체크해 보도록 하자. 능숙한 사람의 이야기를 테이프에 담아 경청해 보도록 한다. 또한 TV에서의 강연회, 토론회, 심포지엄 등을 중심으로 적극성을 갖고 관찰하면 좋을 것이다.

그리고 말솜씨 숙달을 위한 도구로써 유명인들의 강연·연설 테이프나 CD 등이 시중에서 대량 판매되고 있기 때문에 이것을 활용하도록 한다.

말솜씨의 숙달을 위한 트레이닝 방법을 소개해 본다.

◇ 라디오 프로그램에서 상담을 제의해 본다.(2분간)
◇ 회사에서 자택으로의 행선지, 통근 경로를 설명한다.(2분간)
◇ 자신의 이력, 경력을 설명해 본다.(2분간)
◇ 사무실 환경을 설명해 본다.(2분간)
◇ 자신의 성장 과정을 설명해 본다.(2분간)

09_상대방이 무엇을 듣고 싶어 하는가를 파악한다

 말솜씨는 듣는 사람이 있다는 점이 최대의 조건이다. 따라서 이야기는 대상과 목적에 따라 크게 달라진다. 예를 들면, 콘셉트를 바꾼다거나 균형을 바꾸면서 이야기를 듣는 사람에게 알기 쉽게 전달하도록 조립해 나가지 않으면 안 된다. 이것이 말솜씨의 조립이다. 따라서 우선 상대가 무엇을 듣고 싶어 하는가를 파악한다.

말솜씨를 능숙하게 구사했는가 아닌가는 그것을 연출한 당신이 아니라 들어준 상대의 판단에 따라 달라진다. 즉, 말솜씨는 듣는 사람에 의해 판단되며 가치가 부여되는 것이다. 내용과 조립(구성)을 검토하지 않으면 안 된다. 예를 들면, '소 귀에 경 읽기'란 말이 있다. 이는 곧 상대방이 좋아하지 않는 내용은 아무리 늘어놓아도 즐거워하지 않는 것은 인간도 마찬가지라는 의미이다.

그러나 반대로 듣는 사람이 진정으로 좋아하는 이야기를 할 경우는 말솜씨가 좀 빈약하더라도 당신의 이야기는 사람을 끌어당길 수 있다. 따라서 상대방이 추구하는 내용의 이야기일 경우는 '좋은 이야기였다.'는 느낌을 받는다.

그럼 여기에서 말솜씨의 내용을 어떻게 선택하면 좋은가.

상대방이 알고 있는 것이나 그러면 좋겠다고 생각하는 것은 이미 정보가 아니며 상대가 좋아하는 내용이 될 수 없다. 따라서 정보 수집이 필요하게 된다. 과연 듣는 사람은 누구인가, 듣는 사람이 추구하는 것은 무엇인가, 어느 수준에서 어떻게 듣고 싶어 하는가에 따라 제각기 정보 그 자체도 변하며 바꿀 필요가 있는 것이다. 예를 들어, 당신이 같은 테마로 이야기를 할 경우에도 사장에게 이야기할 때와 자녀에게 그리고 어린이에게 이야기할 때는 재료나 사례의 소개 방법이 전혀 달라지게 된다.

또한 아무리 듣는 사람이 재미있는 이야기를 희망하고 있어도 당신이 굳은 표정으로 말한다면 상대의 표정도 굳어버리게 된다. 좋은 말솜씨를 구사하기 위한 정보를 수집하기 위해서는, 우선 당신의 이야기를 들어 줄 상대방이 관심 있어 하는 내용을 이야기하며 상대와 유대 관계를 갖는 접점을 찾아야 한다.

누구를 막론하고 모든 사람들은 자신의 이야기만 늘어놓으면 관심을 기울이지 않는다. 왜냐하면 사람들은 모두 자신과 그 이야기

가 어떤 관계가 있는가, 그리고 관계가 있다면 다음으로 어떤 메리
트가 있는가, 자신의 욕구가 충족될 수 있는가를 생각하고 있기 때
문이다. 따라서 이 대답이 이야기의 목적이며 종합해야 할 콘셉트
가 된다.

　말솜씨에서 듣는 상대가 추구하고 있는 것은 '요구되고 있다.'고
하는 말 그대로 알고 싶은 것, 보고 싶은 것, 듣고 싶은 것이다. 그
것은 적어도 이미 자신이 잘 알고 있는 것은 아니다. 그러나 이 알
고 있는 것 한 가지의 경우에도 사람에 따라 다르다. 따라서 알고
싶다고 생각하고 있는지, 그렇지 않은지를 알 수 없는 경우는 상대
에게 알고 싶도록 하고 흥미를 유발시킬 수 있다는 점을 알릴 필요
가 있다. 즉, 이것이 말솜씨의 테크닉이다.

10_테마를 정한다

　　　　　　말솜씨라는 것은 문장과 함께 인간의 가장 기본
적인 지적 능력이다. 말솜씨의 테마가 결정되면
다음에는 시간을 정하고 이야기 장소의 세팅을 고
려한다. 다음은 이에 대한 착안 사항이다.

　◇ 언제(일시, 어느 정도의 시간으로)
　◇ 어디서, 어떤 장소에서(상황, 조건)
　◇ 누구에게(대상)

◇ 무엇을(테마)

◇ 어떻게 전할 것인가(방법)

◇ 그 결과 상대의 메리트는

◇ 이를 위해 준비해야 할 것

여기에서 가장 고려해야 할 것은 '무엇을 전할 것인가'이다. 말솜씨의 경우, 그 중심은 결코 '당신이 무엇을 말하고 싶은 것인가' 하는 점은 아니다. 그것보다는 '상대를 어떻게 하고 싶은가' 하는 점이다. 즉, '상대방에게 알리고 싶은 것인가, 행동을 일으키고 싶은 것인가, 감명·납득을 시키기 위해서인가, 즐겁게 해주기 위해서인가'이다. 그것도 어떠한 대상이나 설정으로 행하느냐에 따라 달라진다.

따라서 그것을 한마디로 표현할 수 있는 테마를 설정해야 한다. 예를 들어, 강연의 경우는 그 테마에 대해 두 가지로 나눠 생각할 수 있다. 첫째는, 메인 테마이다. 이것의 목적은 사람이 모이는 것이다. 이것은 누구나 알기 쉽게 흥미와 관심을 갖는 것 그리고 실제로 듣고 싶은 기분이 되는 것을 말한다. 둘째는, 서브 테마이다. 이것의 목적은 '자신이 이야기하는 것'이다. 자신의 특기 분야로부터 전문 영역에 관계되는 것을 이야기함으로써 확실한 가치를 부여하는 것을 말한다. 즉, 메인 테마는 '듣는 사람이 추구하는 것'이고 서브 테마는 '말하는 사람이 이야기하고 싶은 것'을 의미한다. 여기에서 메인 테마는 '○○에 대하여'가 아니라 '○○의 ○○가 ○○인 것은 ○○이다.'와 같이 구체적으로 말한다. 그리고 메타로 생각하기 어려운 경우는 그 위에 '나의' '나에 대하여'를 붙이면 바람직하다. 즉, 이렇게 하면 테마를 자신의 체험이나 견해로 가져올 수가 있게 된다.

무엇보다도 실제적인 경험은 누구를 막론하고 흥미 있는 이야기가 된다. 예로, '이 이야기의 핵심 포인트는 ○○입니다.' '나는 이제부터 ○○에 대해 말씀드리고자 합니다.'와 같이 결론을 먼저 말하는 것도 말솜씨에서는 중요한 요소이다.

그리고 의견과 사실의 표현 방법에 대한 이야기이다. 말솜씨에서 사실은 관찰한 것 즉, '○○입니다.'로 표현한다. 또 타인의 생각(견해)은 출처와 인용을 명확히 하여 '○○인 것 같습니다.' '○○라고 전해지고 있다.'고 표현한다.

어디까지나 자신의 의견을 주장하는 경우에도 그것은 자신의 감상이며 추측이다. 예로, '이것은 ○○라고 생각한다.'로 표현한다. 사실을 보고해야 할 경우 최대한 주관적인 견해는 배제해야 한다.

말솜씨를 높이는
전제 조건

01_마음가짐이 중요하다

 말솜씨는 아무 노력 없이 자연스럽게 숙달되는 것은 아니다. 하지만 나이가 들어감에 따라 여러 가지 경험을 쌓으면서 성인이 되면 능숙하거나 서툴거나 관계없이 설득력 있는 이야기를 할 수 있게 된다. 그러나 이렇게까지 되는 데에는 40년이나 50년이라는 긴 세월을 필요로 한다.

지금과 같은 정보화 사회에서는 매스컴의 발달에 의해 창의적인 힌트나 연구만으로도 단기간에 누구든지 말솜씨를 용이하게 숙달할 수 있게 되었다.

매스컴의 발달은 텔레비전의 영상 내용을 현저하게 다양화시킴으로써 시청자는 자신의 거실에서 여유 있게 말솜씨에 대한 많은 힌트와 샘플을 보거나 들을 수 있다.

예를 들어 영상 매체가 지금같이 발달하지 않았던 시대에는 영어 회화를 라디오를 통해서 공부했지만 오늘날에는 선생님의 얼굴이나 입을 여는 방법에서 혀의 사용 방법에 이르기까지 확실하게 볼 수 있는 영상으로 공부할 수 있기 때문에 라디오와 같이 눈에 비치지 않는 시대와 비교한다면 매우 빨리 숙달할 수 있다.

옛날과 비교해서 오늘날은 사회 환경이 여러 가지 형태로 갖추어져 있으며 특히 말솜씨 연습을 위해서는 어디를 가더라도 곤란을 겪지 않을 정도가 되었다. 요즘의 어린이들을 옛날 어린이들과 비교해 보면 자신의 생각을 주눅 들지 않고 당당하게 이야기하는 것을 볼 수 있다. 이러한 현상들도 TV 시대의 영향이라고 할 수 있을 것이다.

【말솜씨를 숙달시키기 위한 전제 조건】

◇ 대화 소재를 많이 준비한다.
◇ 다른 사람의 이야기를 경청한다.
◇ TV, 인터넷을 통해서 테크닉을 배운다.
◇ 이야기에 능숙한 사람으로부터 배운다.
◇ 인상학印象學에 대한 간단한 지식을 갖춘다.
◇ 독단적이 되지 않도록 한다.
◇ 책을 읽으면서 텔레비전을 본다.

◇ 모든 일에 목적의식을 갖는다.

◇ 스피치를 능숙하게 하기 위한 기본 원칙을 안다.

특히, 이상의 각 항목을 일상생활에서 습관화한다.

따라서 앞으로 말솜씨를 숙달시키고자 하는 사람은 적어도 일상생활에서 다음의 내용을 착안하도록 한다.

◇ 말솜씨 연습도 교실 같은 곳에서 배워야 한다고 생각하는 고정된 사고방식을 버린다.

◇ 어린이들의 이야기 법이나 표현력 등에서도 솔직하게 배울 점이 있다는 것을 인정한다.

◇ 말솜씨 연습은 일상생활의 도처에 있으며 '이런 것까지…….'라고 무시해 버리는 일이 없도록 한다.

◇ 항상 머릿속 한구석에 말솜씨와 연결되는 힌트나 사례가 있다면 의식해서 기억해 두거나 메모해 둔다.

◇ 말솜씨를 반드시 숙달시켜야 한다는 목적의식과 숙달되기까지 열심히 노력하겠다는 강한 의지가 있어야 한다.

02_많은 이야깃거리를 준비한다

여기서 말하는 이야기 소재란 '이야기의 재료' 즉 '화제話題가 될 수 있는 것'을 의미한다. 일반적으로 이야기의 재료가 없어서 곤란한 사람은 말솜씨에 능숙할 수 없다.

어떤 사람과 이야기하든지 용건만을 교환한다면 무미건조하며 빤히 속셈이 들여다보일 것이다. 따라서 사람과 사람의 대화 가운데는 반드시 대화의 윤활유 역할을 하는 이야기 재료를 가지고 이야기를 나눌 필요가 있으며 가능한 한 모든 상대에게 두루 사용할 수 있는 많은 이야기 재료를 수집해야만 한다.

일상생활 속에서 이야기 재료를 수집할 수 있는 방법으로 가장 많이 이용되는 것은 활자를 통한 방법과 전파를 통한 방법이다.

① 활자로부터 수집하는 방법
   ◇ 신문 : 일간지나 경제지로부터는 세계의 화제, 사회 기사, 경제 현상이나 경기의 동향, 교육 문제, 스포츠 등. 지방지에서는 그 지방의 행사와 사건, 지방 산업의 변화, 인구 증감, 각 광고란(잡지, 본 항목, 신제품, 이벤트 발표) 등.
   ◇ 잡지 : 신문 기사를 좀 더 상세하게 쓴 것. 신문에는 나오지 않는 기사 내용, 사회 풍속의 경향(유행이나 패션), 탤런트나 유명인의 근황, 각종 광고 등.
   ◇ 화제의 책 : 베스트셀러나 사회에 화제를 던진 책의 포인트

와 개략 등.

◇ 각종 자료 : 지방 단위로 발행되는 가까운 지방의 행사, 각
시군에서 발행하는 각종 데이터(땅값 상승률, 저축액), 각 회
사나 그룹에서 발행하는 기관지.

◇ 그 밖의 특수한 책 : 이력易曆, 점성술, 혈액형, 의학 사전,
동물에 관계된 책에서부터 화제가 될 것 같은 자료들을 스
크랩 북 등을 만들어서 관리한다.

② 전파를 통해 수집하는 방식

◇ TV : 화제성이 있는 CM, 일기예보, 다큐멘터리, 여행 시리
즈, 영화, 드라마, 뉴스 해설, 각종 스포츠 등.

◇ 라디오 : 뉴스, CM, 교통 정보, 각종 스포츠 실황 중계.

이러한 전파의 경우는 즉시 활용할 수 있는 이야기 재료로써 머
릿속에 기억해 두는 것이 좋으며 필요에 따라서는 테이프에 녹음해
두는 방법도 좋다.

이렇게 생활 속에서 가능한 한 많은 이야기 재료를 수집하는 것
이 중요하며 처음에는 별로 쓸모없는 이야기 재료도 모으게 되지
만, 차차 익숙해지면 유효하고 필요한 것만을 수집할 수 있게 될 것
이다. 그리고 수집한 이야기 재료를 상대나 시간, 장소에 따라 적재
적소에 사용할 수 있도록 훈련하는 것이 중요하다.

03_다른 사람의 이야기를 잘 듣는다

 다른 사람의 이야기를 잘 보고 듣는 것, 즉 능숙하게 듣는 것이 이야기를 잘할 수 있는 첫 단계이다. 사회에 나가면 어디서나 다른 사람들의 이야기를 보고 들을 기회가 많이 있다. 이러한 사람들의 이야기(내용과 이야기 방법)가 바로 살아 있는 공부의 재료가 되는 것이다. 우리가 이야기를 배울 수 있는 대상의 범위는 무한히 넓다. 몇 가지 예를 들어보자.

◇ 지하철 속이나 비행기 속에서
◇ 레스토랑이나 스낵바에서
◇ 회사에서 회의 중에
◇ 고객과 상담을 하는 도중에
◇ 친구나 동료와의 대화 가운데에
◇ 가족이나 친지와의 대화 가운데에
◇ 백화점이나 상점에서 오고가는 고객과 점원의 상담으로부터
◇ 선생님이나 강사의 이야기 가운데에
◇ 가두연설이나 강연회장에서
◇ 영화나 연극의 대사 속에서
◇ 노래의 가사(민요) 속에서

그냥 막연하게 다른 사람의 이야기를 듣고 흘려버려서는 안 된

다. 능숙한 말솜씨를 위해서 자신에게 도움이 되는 이야기는 자신의 것으로 만들겠다는 욕심을 가지고 사람들과 접하고 사람들의 이야기를 잘 보고 듣는 습관을 몸에 익혀야만 한다.(목적의식을 가져야 한다)

이 방법은 교재나 책을 통해서 공부하는 방법보다 훨씬 즐겁고 재미있다. 이것은 살아 있는 훈련법의 하나이며 혼자서 익히는 훈련법으로는 최적이라고 할 수 있다.

04_영화, TV에서 말솜씨의 테크닉을 배운다

TV 시대라고도 하는 오늘날 TV의 사회적 공헌도는 아주 높다. 오디션 프로(예를 들면 노래자랑이나 장기 자랑 등의 프로)나 퀴즈 프로에 나오는 가수 지망자나 퀴즈 해답자는 TV에 나올 만큼 이야기를 아주 잘하는 것은 아니다. 그러나 출연자 모두 당당하게 거리낌 없이 자신이 말하고 싶은 것을 자신 있게 발언하고 있다.

일반적으로 생각하면 TV 마이크 앞에 서는 것만으로도 떨리고 흥분될 것 같지만 현대 어린이들은 초보자라도 아주 당당하게 이야기한다. 이것은 TV를 보면서, 특히 자신이 출연하고 싶어 하는 프로를 집중적으로 보면서 알게 모르게 TV의 영상을 통해 이야기하는 방법을 훈련하기 때문이다.

능숙한 말솜씨를 위해서 TV로부터 배울 수 있는 방법 중에서 특히 주의해서 보아야 할 대상 인물은 다음과 같다.

◇ 아나운서의 말하는 법
◇ 사회자가 프로그램을 진행하는 방법(이야기 법과 손동작)
◇ 좌담회 출연자 전원의 이야기 법
◇ 드라마에 출연하는 탤런트의 대사와 대사에 따르는 동작
◇ 가수가 노래하는 도중 감정 표현을 위해서 하는 손동작이나
　 몸동작
◇ 리포터의 이야기 법, 특히 사진 등을 사용하여 설명하는 방법

이들 중에서 아나운서를 제외하고 다른 모든 출연자들은 반드시라고 해도 좋을 정도로 이야기의 내용에 따라 손을 상하좌우로 움직이면서 머리를 끄덕이거나 수그리면서 이야기를 한다. 아나운서나 배우들은 오랜 연수 기간을 거쳐 전문가적인 입장에서 이야기를 하기 때문에 그들의 이야기가 명료하고 명쾌하며 듣기 쉬운 것은 당연한 것이다.

그러나 그 밖의 사람들은 각기 다른 전문직을 가지고 있으며 이야기를 하는 데 있어서 아나운서나 배우와 같이 훈련을 받는 것이 아니기 때문에, 능숙하게 이야기를 하거나 설득력을 높이기 위해 소위 몸동작(Body Action, 신체 동작으로 말을 표현하거나 강조하는 것)을 병행하여 보고 있는 시청자들이 이해하기 쉽도록 노력하고 있다.

이점은 말솜씨를 향상시키는데 아주 중요한 요소이기 때문에 이러한 몸동작이 첨가된 이야기 법을 자신의 말솜씨에 어떻게 응용할 것인가에 대해서 생각하면서 시청해야 한다.

이것은 TV를 보면서 할 수 있는 편안한 훈련법이라고 할 수 있다. 이를 위해서는 최소한 하루에 4시간 이상을 확실하게 투자하여 TV를 통해 배운다는 자세를 습관화해야 한다.

05_말솜씨의 프로로부터 배운다

우리 주변에는 반드시 이야기를 능숙하게 잘 하는 사람이 가까운 곳에 몇 명인가는 있다. 예를 들면 다음과 같다.

◇ 가까운 이웃에 있는 아주머니나 아저씨
◇ 회사 내의 동료나 선배, 상사
◇ 친구나 잘 알고 지내는 사람
◇ 자주 가는 스낵바나 레스토랑의 주인
◇ 동업자 모임이나 회의
◇ 학교나 서클의 선배
◇ TV나 라디오 출연자
◇ 점원이나 세일즈맨

이들 중에서 스피치에 표준이 될 만한 사람을 발견한다면 그 사람이 이야기하는 것을 경청하면서 본받을 만한 점을 발견하도록 항상 마음의 준비를 하고 있어야 한다.

그렇다면 과연 어떠한 사람이 말솜씨에 능숙한 사람인가? 말솜씨가 능숙한지의 여부를 판단할 수 있는 몇 가지 기준을 들어보자.

◇ 이야기의 내용이 정리되어 있어서 이해하기 쉬운가?

◇ 발음이 정확하고 확실한 어구를 사용하고 있는가?

◇ 처음부터 끝까지 똑같은 억양과 속도를 가지는 것이 아니라 적당히 시간을 주어 듣고 이해하기 쉽게 이야기하고 있는가?

◇ 몸동작이 이야기의 내용과 잘 맞는가?

◇ 음량이 있고 (적당한 크기의 음성) 확실히 들을 수 있는가?

◇ 목소리가 전체적으로 산뜻하고 깨끗하여 듣고 싶은 기분을 들게 하는가?

이러한 기준을 가지고 자기 나름대로 체크 (주의) 하면서 자신에게 필요한 부분을 받아들여야 한다. 매일매일 이야기를 들을 때마다 하나씩 몸에 익히고 이해하려고 노력하는 자세가 가장 중요하다.

그리고 가능한 한 보다 많은 (폭넓게) 스피치에 능숙한 사람들과 만날 수 있는 기회를 적극적으로 만들어서 그 사람들의 이야기 법을 보고 들으면서 익히도록 한다.

06_간단한 인상학 · 관상학에 대한 지식을 갖는다

처음 만나는 사람이든 안면이 있는 사람이든 모든 사람에게는 그 사람의 기본적인 성격이라는 것이 있다. 말솜씨의 제1보로서 상대방의 인상에 따라 이야기를 진행시켜 나가며 조금이나마 말솜씨에 이것을 가미한다면 자신의 이야기 법에 기초가 될 것이다. 그렇다고 해서 인상학이 100퍼센트의 확률을 가지고 있는 것은 아니다. 상대방의 환경, 교육 과정, 인생관, 현재 상태 등에 의해 약간의 변화가 있으면 60~70퍼센트 정도를 목표로 보면 될 것이다.

이를 위해서는 각종 인상학에 관한 책을 참고로 하면 좋지만 일례로써 얼굴의 윤곽에서부터 간단히 살펴보면 다음과 같다.

◇ 둥근형 – 눈, 코, 입이 얼굴 중심에 모여 있으면 전체적으로 얼굴형이 작다. 평균적으로 살이 찌기 쉬운 타입이며 일반적으로 낙천적이며 상냥한 성격으로 협동심이 강한 사람이 많다.(원만형이라고 할 수 있다)

◇ 계란형(갸름한 형) – 이마가 비교적 넓고 턱 부분이 좁으며 코가 가늘고 길어서 스마트한 느낌을 준다. 신경질적인 성격이 많고 학자나 예능인이 많으며 인텔리전트한 느낌도 있다. 조금 다른 사람과 타협하기 어려운 점이 많다.(신경질형이라고 할 수 있다)

◇ 사각형 – 이마나 턱이 사각형으로 모가 나 있으며 평균적으로 근육이 발달해 있고 근성이 강하고 완고한 면이 많다.(완고형 이라고 할 수 있다)

◇ 복합형 – 지금까지의 세 가지 형이 혼합된 형으로서 예를 들어 사각형과 계란형이 혼합형이라면 성격 면에서도 각각 반씩을 갖고 있다고 할 수 있다.(복합형 성격이라고 할 수 있다)

그 밖에 인상학에는 눈의 형태나 입 모양, 코나 귀의 모양에 따라 각각의 종합치를 기준으로 하여 판단하는데 전문적이지는 않더라도 상식선 정도까지는 알아두어야 할 것이다.

말솜씨란 어디까지 상대방이 있어야 하는 것이기 때문에 상대방에 대한 사전 정보를 갖고 있다면 그 사람에게 적합한 이야기를 끌어낼 수 있으며 보다 유리한 이야기 법을 진행시킬 수 있다.

07_독단적이 되지 않도록 주의한다

말솜씨를 향상시킬 수 있는 살아 있는 방법은 한 사람만으로는 불가능하다. 한 사람이 말솜씨에 대한 자습을 할 경우라면 예외겠지만 이것 역시 자습의 성과는 사회 속에서 그리고 사람들과의 접촉 가운데에서 이루어지기 때문이다.

로맨틱한 생각에 빠지는 고독감도 때에 따라서는 필요하지만 일

상생활에서 고독감에 빠지는 시간은 가능한 한 의식적으로 줄이도
록 하며 비록 다른 가족이 없이 혼자 살더라도 자꾸 무엇인가에 말
을 거는 습관을 가져야 한다.

예를 들면 다음과 같은 방법이 있을 것이다.

◇ TV를 향하여 질문을 하기도 하고 혼잣말로 의견을 제시해 보
기도 한다.
◇ 라디오의 경우에도 마찬가지이다.
◇ 책을 읽어도 감명받은 부분이나 예상외의 부분에서는 목소리
를 높인다.
◇ 그 밖에도 '비가 내렸다.' '바람이 불어왔다.' '시끄럽다.' 등
이라고 소리를 내서 읽는다.
◇ 하나하나의 행동에도 '다녀왔습니다.' '지금은 너무 피곤해.'
'식사를 하자.' '텔레비전을 볼까?'라는 식으로 말을 하고 행
동하는 것을 습관화한다.
◇ 편지나 신문 등도 소리를 내서 읽는다. 그리고 거기서 느끼는
감상 등도 똑같이 소리를 내서 표현한다.
◇ 무엇인가를 쓸 때에도 소리를 내면서 쓴다.
◇ 애완동물이 있다면 애완동물(개, 고양이, 새 등)을 가족의 일원
이라고 생각하고 말을 건넨다.

가족과 함께 사는 경우에도 이러한 사고방식은 똑같이 적용된다.
가끔씩 혼자 있거나 자신의 방에 혼자 있을 때에도 위와 같은 방법

을 습관화해야 한다.

　또한 가능한 한 가족과의 대화를 중요시하는 것이 좋다. 비록 하찮다고 생각되는 가족과의 세상 돌아가는 이야기나 오늘 있었던 일 등에 대해서 이야기하거나 경청해 주는 자세를 갖는 것이 필요하다.

　다른 사람의 이야기를 들을 때에는 아래와 같은 자세를 갖는 것이 바람직하다.

　◇ 다른 사람의 이야기에 맞장구를 친다.
　◇ YES, NO라고 반응을 보인다.
　◇ 상대방이 이야기할 때 '그리고 나서……' '그래서……' 라는 말을 대화 중간중간에 넣어 이야기를 이끌어 가도록 한다.
　◇ 때에 따라서는 짧은 의견이나 소견이라도 말해 준다.

　위와 같은 말을 의식적으로 하려고 노력하여 생활 속에 체질화시키는 것이 중요하다.

08_책을 읽으면서 TV를 보는 생활 습관을 갖는다

보다 많은 이야기 재료를 수집하고 나아가 이야기 법 훈련과도 연결되는 가장 현대인다운 생활 태도는 '책을 읽으면서 TV를 본다.' 'TV를 보면서 책을 읽는다.' 라고 하는 다각적

인 방법이다.

　이를 습관화시키기 위해서는 강한 의지와 노력이 필요한데, 효과적인 방법을 열거하면 다음과 같다.

◇ 우선 주체성을 TV에 둘 것인가 아니면 책에 둘 것인가를 결정한다.

◇ 최초의 자습용 책(여기서는 독서)으로는 주간지나 신문 등 그림, 도표가 많은 것을 선택한다.

◇ 책에 비중을 둘(주체성을 둔다) 경우에는 책에 60~70퍼센트, TV에 30~40퍼센트 정도의 비율로 한다.

◇ 어깨가 뻐근하지 않을 정도로 독서하며 TV의 내용에 따라 자신이 보고 싶다고 생각한 TV 영상만을 본다.

◇ 특히 TV에서 방영하는 야구나 씨름 등의 스포츠 중계, 드라마를 보는 것이 효과적이며 독서도 가장 적당히 효과적으로 할 수 있다.

◇ 이때 차나 가벼운 알코올류를 마시면서 본다면 한층 편안한 분위기에서 쉽게 진행할 수 있을 것이다.

◇ 독서를 할 때 의식적으로 작은 소리를 내어 읽는다면 효과를 높이는 하나의 방법이 될 것이다.

　이상과 같은 2면적 학습법은 단기간에 말솜씨를 향상시키는데 알게 모르게 많은 영향을 줄 것이다.

09_모든 것에 목적의식을 갖는다

 아무리 스피치를 숙달시키는 여러 가지 방법이나 테크닉이 있다 해도 확실하고 강한 의지를 가지고 열심히 하려는 의사와 노력이 없다면 그림의 떡이 되고 말 것이다.

특히, 말솜씨의 경우에는 일상생활에서 발생하는 모든 인간의 행위만으로도 그 폭이 무한히 넓고 크기 때문에 하나하나의 작은 목적을 중복해서 연습하는 방식으로, 생활 속에서 언제나 의식적으로 진행해 나가는 것이 필요하다.

목적에 기초한 의식적인 진행 방법은 자신을 위한 것이라는 생각으로, 아래와 같은 방법을 사용한다면 도움이 될 것이다.

◇ 우선 앞으로의 능숙한 말솜씨를 위해서 자습(훈련)한다는 목적의식을 확실히 자각한다. 때에 따라서는 가족이나 회사 동료, 상사에게 언명하거나 서약하는 것도 필요하다.

◇ 다음에는 말솜씨의 숙달을 위해서 제일 처음으로 무엇을 해야 할까를 결정한다. 예를 들어 이야기 재료 수집의 습관화를 위해서는 매일 일정 시간을 투자하여 신문, 잡지를 정독하도록 한다.

◇ 이때 자신이 진행하기에 가장 저항감이 없는 것을 선택하는 것이 중요하다.

◇ 그리고 일정한 기간을 결정한다. 처음에는 한 항목에 대해서 1

주일에서 1개월 정도의 기간을 두는 것이 적당하다.

◇ 다음 항목은 2주에서 2개월 정도로 결정한다. 이것을 스케줄 표로 나타낸다.

◇ 스케줄표는 3개월에서 6개월 정도로 한다.(더 이상 길어지면 무리가 된다)

◇ 스케줄표는 매일 자신의 눈에 띄는 장소에 붙여두는 것이 중요하다.

◇ 이것을 진행해 나가기 위해서는 일정 스케줄이 끝날 때마다 적색 펜으로 지워 나간다.

chapter 4

말솜씨를 높이는
진행 방법

01_말솜씨의 독자적인 연습을 위한 착안 사항

말솜씨를 숙달시키기 위해서는 자기 나름대로의 연습을 해나가는 것이 지름길이라고 할 수 있다. 일반적으로는 오랜 경험을 거쳐 자연스럽게 얻은 풍부한 체험이 좋은 소재가 되면 연령에 따라 스피치 방법도 서서히 숙달되어간다.

이 책에서는 단기간에 사회생활을 풍요롭게 할 수 있도록 하기 위한 포인트가 되는 스피치 연습법에 대해서 기술하고 있다.

◇ 말솜씨를 향상시키고자 하는 강한 의지나 의욕에 의한 확실한 목적의식을 갖는다.

◇ 일상생활 속에서 매우 짧은 시간이라도 연습 시간을 스스로 만든다.

◇ 일상생활의 모든 시간이나 기회에는 연습을 위한 교재나 표본이 있다는 것을 기억한다.

◇ 말솜씨 훈련은 잠자리에서 일어나자마자 생활 속에서 언제, 어디서든지 할 수 있다는 것을 생각한다.

◇ 사회생활에서, 가정에서, 집 밖에서, 회사에서, 업무 중에도 말솜씨에 관한 모든 것에 흥미를 가진다.

◇ 말솜씨 숙달을 위한 연습이 생활에서 습관화된다면 포인트를 정하여 하나하나의 항목을 중점적으로 진행해 나간다.

◇ 연습을 하기 위한 스케줄표를 만들어 항상 전개할 때마다 체크한다.

◇ 그다지 어려운 일이 아니며 누구라도 조그만 의식(의욕)과 주의력으로 간단히 할 수 있는 것이기 때문에 도중에 포기하는 일이 없어야 한다.

◇ 무엇이든 중요한 일은 목표 의식을 가지고 달성 목표를 결정하며 그에 대한 도전력과 열의(열성)을 갖고 추진해 나간다.

◇ 자기 자신을 위한 것이라고 자각한다.

【말솜씨 학습법의 필요 항목】

◇ 가능한 한 큰 소리로 이야기하고 큰 소리로 읽는다.

◇ 이야기가 길어지지 않도록 단문형으로 이야기한다.

◇ 화법의 형태를 확실하게 몸에 익혀 응용한다.

◇ 도구를 활용하여 이야기한다.

◇ 이야기의 줄거리를 요령껏 정리한다.

◇ 말솜씨의 효과를 높이는 공간 관리법을 활용한다.

◇ 이야기할 때의 위치와 간격에 주의한다.

◇ 매너, 몸가짐에 주의한다.

◇ 발성음을 중간 톤으로 한다.

◇ 몸동작은 약간 과장된 듯하게 표현한다.

◇ 이야기 사이의 쉼(짬)에 주의한다.

◇ 시선의 위치나 사용 방법에 주의한다.

◇ 공통된 화제를 빨리 발견한다.

◇ 칭찬의 말은 한 번으로 끝낸다.

◇ 설득 말솜씨도 참고로 한다.

◇ 효과적인 학습법을 위해 TV 보는 법을 마스터한다.

◇ 대화 기술을 위한 활자 읽는 법을 익힌다.

◇ 경어를 올바르게 쓴다.

02_가능한 한 큰 소리로 이야기하고 읽는 습관을 기른다

이야기란 소리를 내는 것에서부터 시작된다. 이를 위해서는 목소리를 앞으로 나오게 하는 연습법이 첫걸음이라 할 수 있다.

이야기할 때 목소리를 앞으로 낸다고 하는 것은 상대방에게 자신이 무엇을 이야기하고 있는가에 대하여 이해시킬 수 있도록 하기 위한 행위이다. 따라서 이야기할 때 목소리를 내기 위해서는 일상생활 속에서 이야기와 연결되는 것은 모두 비록 상대방이 없더라도 그리고 대화의 장소가 아니더라도 큰 소리를 내는 습관을 익히도록 한다. 여기서 말하는 큰 목소리란 고함을 친다거나 소리를 지르는 것이 아니다. 활자를 읽을 때에 입속으로 웅얼웅얼 거리는 것이 아니라 주위 사람들에게도 들릴 정도의 음량으로 말하는 것이다.

소리를 내기 위한 연습법으로 몇 가지를 사례로 들어본다.

◇ 누구와 이야기를 하든지 항상 큰 소리로 대화하려고 하는 기분을 갖는다.
◇ 입속에서 웅얼웅얼 거리거나 중얼거리지 말고 입을 크게 벌리고 큰 소리로 이야기하도록 한다.
◇ 혼자 있을 때나 신문, 잡지, 책 등을 읽을 때에 큰 소리로 읽는 습관을 들인다.
◇ 회사에서도 자료나 문서는 극비 사항을 제외하고 주변 사람에게 폐를 끼치지 않는 범위 내에서 입으로부터 소리를 내어 읽는 연습을 한다.
◇ 가족과의 대화, 동료와의 협의, 상사에 대한 보고, 회의석상의 발언 등을 할 때에도 큰 소리를 내는 것이 습관화되면 자연스럽게 스피치 하는데 자신감이 생기며 상대방으로부터 신뢰감을 얻는 데에도 도움이 된다.

큰 소리로 이야기하거나 읽는 것은 스피치를 숙달시키기 위한 첫 걸음이라 할 수 있다.

03_이야기가 길어지지 않도록 단문형으로 이야기한다

 술술 막힘없이 이야기하는 것이 능사는 아니다. 회의 중에도 긴 시간 동안 한 사람이 이야기하는 듯한 인상을 주는 스피치를 억제해야 한다. 긴 대화법은 '지껄이다.' '잔소리 같다.' '자기 마음대로 떠든다.' 등의 단어로 표현된다. 일상생활이나 업무상에 있어서 일방적으로 긴 대화는 피하는 것이 좋다.

긴 이야기란 한 사람이 3분 이상 말하는 것을 의미한다. 단 일정한 시간을 할애해서 이야기하지 않으면 안 되는 발표나 강연(체험담)의 경우는 예외이다.

따라서 표준적이고 단문적인 대화 시간이란 1분에서 3분 정도가 이상적이며 특히 단문형의 이야기에서는 질문 형식의 대화 방법을 사용하는 것이 좋다.

장황한 이야기가 되지 않기 위해서는 다음 사항에 유의해야 한다.

◇ 이야기 도중에 '한 가지 더 이것만은 이야기해야지.' 라고 생각한 시점에서 그 이야기를 끝맺도록 해야 한다.

◇ 평균적으로 1분 동안에 이야기할 수 있는 분량은 200에서 300

자 정도이다. 200자 원고지로 4매 정도가 약 3분의 분량이며
이 기준을 확실히 기억해 두어야 한다.

◇ 따라서 연습법의 하나로서 이야기 내용을 원고지에 써서 천천
히 읽어 나가면서 1분, 2분, 3분 동안에 몇 자 정도 읽을 수 있
는가를 스스로 체크한다.

◇ 아직 익숙하지 않다면 손목시계나 눈에 잘 띄는 곳에 벽시계
를 걸어두고 체크하면서 이야기를 하는 방법도 좋다.

◇ 상대방과 함께 대화를 나눌 때에는 가능한 한 자신의 이야기
만 하지 말고 상대방에게 이야기를 시키도록 한다. 질문을 많
이 하는 대화법을 숙달해 두는 것이 좋다.

04_말솜씨의 형태를 확실하게 숙달하여 응용한다

 대화에는 그 목적에 따라 여러 가지 말솜씨
의 형태가 있다. 표준형을 확실히 외워 이야기
를 할 때 적절히 활용하도록 한다.

① 질문 화법

처음부터 끝까지 자신이 이야기를 끌어갈 때에는 질문 화법을 사
용한다. 상대에게 질문을 해서 여러 가지 의견이나 정보를 듣는 화
법으로 선배나 선생님, 상사와의 대화를 진행시키는 데 가장 적당
한 화법이다.

최근 영업사원들의 상담에는 질문법이 주류를 이루고 있으며 이 것은 잘 듣기 위한 방법의 첫걸음이다.

예를 들어 '댁의 아드님은 건강하십니까?' '어느 학원에 다니고 있습니까?' '어떤 참고서를 보고 있습니까?' '어느 학교에 진학시킬 생각이십니까?' '교육비는 어느 정도 듭니까?' 등과 같이 그때 그때의 이야기 상대에 따라 질문 화법을 즉석에서 생각해 내도 좋으며 미리 질문의 종류를 생각해 두는 것도 좋은 방법이다.

② 문제 제기형(또는 화제 제기형)

이 화법도 질문형과 비슷하지만 자신이 먼저 화제나 질문을 상대방에게 던져 가능한 한 상대방에게 이야기시키는 화법이다.

예를 들어 '그 후에, 김 씨는 어떻게 하고 있어요?' '앞으로의 물가 상승은 어떻게 될까요?' '지금 해외여행을 가려고 하는데 어디가 좋을까요?' 등과 같이 계속해서 화제나 문제를 제기하며 가능한 한 상대방의 이야기를 듣는 자세를 갖도록 한다.

③ 맞장구 · 독촉형

상대방의 이야기가 끊어지려고 할 때에 이야기를 계속해서 연결시켜 나가는 방법이다. 특히 말솜씨에 자신이 없는 사람들이 부드럽게 대화를 진행시켜 나갈 수 있는 최적의 이야기 법이다.

예를 들면 '아, 그것은 잘 몰랐습니다. 그래서 어떻게 되었습니까?' '과연! 그래서…….' '네, 그래서 어떻게 되었습니까?' 등과 같이 상대방의 이야기가 계속되도록 독촉하는 화법이다.

④ 단문 화법

단문 화법은 가능한 한 짧은 화제나 스토리를 이야기하는 화법이다. 보통 1분에서 2분 사이, 늦어도 3분 이내에 이야기하도록 한다.

이렇게 하기 위해서는 서두와 중간을 생략하고 결과만을 이야기하는 것이 가장 좋은 방법이다. 만약 상대방이 그 이야기에 흥미를 갖는다면 반드시 서두와 중간에 대해서 질문을 해올 것이기 때문에 그때에는 가능한 한 짧게 답변해 주는 것이 좋다.

또한 이러한 경우의 화법에서는 '그리고 나서' '그래서' '……해서……' '그리고' '또한' '혹은' 등과 같은 접속사는 되도록 사용하지 않는 것이 포인트이다.

⑤ 도구 활용법

자신이 직접 이야기하는 대신에 도구, 물건, 문서, 잡지, 카탈로그, 견본류, 신문, 각종 자료 등 화법을 진행시키기 위한 보조 도구를 이용하는 방법이다.

이야기할 때에 손에 잡거나 테이블 위에 놓아두고 그 보조 도구 가운데에서 이야기의 중심이 되는 것을 상대방에게 보여주거나 가리키면서 짧은 말로 간단하게 설명한다.

이것 역시 말솜씨에 자신이 없는 사람들에게는 최적의 이야기 법이다. 이야기할 내용에 대해서 이러한 보조 도구를 보여주면서 자신은 거기에 덧붙이는 짧은 설명만 해주면 충분하다.

이상의 5가지 기본적 화법(그 밖에 응용 화법도 있다)은 모두 말솜씨에 자신이 없고 앞으로 말솜씨에 대해서 공부하려고 하는 사람들에게 가장 적당한 방법이며, 이것을 확실히 몸에 익혀 그때그때의 분위기나 화제, 이야기 내용에 따라 자기 나름대로 적용할 수 있다면 결코 부끄러움이나 이야기에 서툴다고 하는 생각 등은 가지지 않을 것이라고 확신한다.

그리고 차차 말솜씨에 자신을 갖게 되면 하나의 주제에 대하여 1~3분 내에 이야기할 수 있도록 일보 전진하면 좋을 것이다.(이것에 대해서는 후술하기로 한다)

05_말솜씨를 위한 보조 도구를 활용한다

 앞으로는 말솜씨에 서툰 사람뿐만 아니라 잡담 성격의 세상 돌아가는 이야기를 제외하고는 가능한 한 도구(보조 도구)를 사용하는 대화법이 점차 필요하게 된다. 이미 영업사원의 세계에서는 이 방법이 정착되어 가고 있다. 입에 발린 소리만을 하는 영업맨이 되는 것을 방지하기 위한 화법으로도 필요하다.

말솜씨를 숙달시키기 위한 연습법으로서 특히 실제 생활에서 다른 사람들과 이야기할 때에 반드시 100퍼센트 말솜씨 보조 도구를 활용하는 것이 중요하다.

그렇다면 일반적인 대화에 필요한 도구에는 어떤 것들이 있을까?

◇ 여러 가지 물건 : 이야기의 주제에 관련된 손에 잡을 수 있는 야채나 식료품, 가정용품, 핸드백, 화장품, 담배, 라이터, 소지할 수 있는 소형 물건의 일체

◇ 카탈로그류 : 상품 카탈로그, 팸플릿, 입학 안내서, 각종 신청 서류 등

◇ 책이나 잡지, 각종 서류 : 화제의 기사나 문장 등 필요하다고 생각하는 곳에 붉은 선을 그어 표시해 두면 이용하기 쉽다.

◇ 신문 : 기사나 광고류에 붉은 선이나 동그라미(○) 등으로 표시해 두면 좋다.

◇ 스크랩북 : 매일 화제가 될 만한 내용을 각종 신문이나 잡지 자료 등에서 수집하여 스크랩북(파일)에 붙여두고 필요한 곳을 열어 보이면서 이야기한다.

◇ 각종 견본류(샘플) : 견본을 보이거나 만지면서 이야기한다.

이상과 같이 영상 시대를 살아가는 사회인으로서 말솜씨를 숙달시키는 길은 '보여주는 동시에 들려주면서' 이야기하는 방법임을 잊어서는 안 된다.

06_말솜씨의 스토리 정리 방법

 세상 돌아가는 이야기나 잡담, 판매 등의 이 야기에서도 화제(뉴스적인 것을 포함하여)가 되는 것에는 스토리(이야기의 핵심)가 있기 마련이다.

이러한 화제나 뉴스의 스토리를 확실하게 상대방에게 이해시킬 수 있도록 이야기하는 것이 중요하다. 도대체 무엇을 말하고 있는지 상대방이 이해하지 못한다면 곤란하다.

이야기의 내용을 상대방에게 확실히 전달하기 위해서는 내용(스토리)을 확실하게 정리하지 않으면 안 된다.

일반적으로 하나의 이야기 내용에는 6W, 1H가 필요하다고 한다. 이 6W, 1H 원칙 하에서 스토리를 정리해야 한다.

그렇다면 6W, 1H란 무엇인가?

◇ 누가(WHO) : 이야기의 주체가 되는 사람으로 그가 누구인가를 확실히 인식시킨다.

◇ 무엇을(WHAT) : 주체가 무엇을 했는가, 무엇을 하려고 하는가를 제시한다.

◇ 어디서(WHERE) : 장소가 어디인지 밝힌다.

◇ 언제(WHEN) : 며칠 몇 시경인지 시간을 말한다.

◇ 어떠한 이유로(WHY) : 어떻게 해서 그 이유는 무엇인가?

◇ 누구에게(WHOM) : 누구와 관계가 있는가? 누구에게 이야기

하고 싶은가?

◇ 어떻게(HOW) : 어떠한 상태로 어떻게 되는가?

이상의 설명처럼 이야기의 스토리에는 '누가, 무엇을, 어디에서, 언제, 어떠한 이유로, 누구에게, 어떠한 상태로'라고 하는 정리가 필요하다.

그러나 모든 경우에 반드시 이 6W, 1H 원칙을 지켜야 하는 것은 아니다. 이야기의 상대나 대화의 상황 등에 따라 생략해도 무방한 항목이 있다면 그 부분을 빼고 이야기해도 좋다. 보통 '누가' '누구에게'가 비교적 많이 생략된다.

07_말솜씨의 효과를 높이는 공간관리법을 활용한다

이야기할 때 독백(혼잣말) 외에는 반드시 대화 상대가 필요하다.

자신과 상대방 사이의 공간의 간격이나 각도, 나아가 공간 간격 사이에서 일어나는 심리 상태 등은 이야기하는 사람과 듣는 사람 사이에 미묘한 영향을 준다. 따라서 이러한 영향으로 인해 이야기가 아주 잘 진행될 때도 있고 경우에 따라서는 자신이 무엇을 말하고 있는지조차 모르게 되는 경우도 있다.

그렇다면 이 공간 간격이란 무엇인가?

① 이성理性의 공간(이성적인 공간 간격)

자신의 양 손을 똑바로 앞으로 나란히 올려서 상대방과의 사이에 어깨폭 정도가 되는 공간 간격을 이성의 공간이라고 한다.

사람과 사람이 정면으로 향하는 위치에서는 서로 '발가락 끝에서부터 머리끝까지' 동태를 살피게 되기 때문에 본능적으로 이성적이 되는 것이다.

자신이 상대하는 상대방의 결점이나 나쁜 점을 느낄 수 있게 되며 덧붙여 공격받는다고 하는 위험성 등의 심리 상태도 발생한다. 그 때문에 이성적으로 또는 이론적으로 되기 쉽다. 당연히 서로 냉정해지며 타협하지 않으려고 하는 사고방식이 발생하기 쉬운 공간이다.

이렇게 정면으로 마주 앉아서 이야기하는 경우를 몇 가지 살펴보면 다음과 같다.

◇ 첫인사나 명함을 교환할 때
◇ 새삼스럽게 딱딱한 이야기를 할 때
◇ 금전과 관계있는 이야기를 할 때
◇ 신중하게 여러 가지 가르침을 받을 때
◇ 심하게 꾸중을 들을 때

② 정情의 공간(타협을 위한 이야기 공간)

이성의 공간에서 좌우 또는 옆으로 수평이 되는 공간 간격을 정의 공간이라고 한다.

이 공간 간격은 서로를 똑바로 바라보는 것이 아니라 비스듬히 우측이나 좌측에서 바라보게 되며, 또는 나란히 앉게 된다. 피부와 피부가 서로 접촉하기 쉬우며 인간의 약한 면이라고 할 수 있는 정情의 부분이 움직이기 쉬운 공간이다. 또한 상대방의 전부가 보이지 않기 때문에 보이지 않는 부분과의 타협이 생기기 쉽다. 때에 따라서는 이성을 초월하여 감정적인 무드에 빠지기 쉽다.

정情의 공간을 활용할 경우 사람들과 접촉하는 방법과 이야기 내용은 아래와 같다.

◇ 무엇인가 다른 사람에게 의뢰할 일이 있을 때
◇ 무엇인가에 실패해서 트러블이 일어나 상사나 친구에게 사죄의 말을 할 때
◇ 추석이나 설날 선물을 증정할 때
◇ 잡담이나 세상 돌아가는 이야기 등 편안한 스타일로 이야기를 할 때
◇ 상사나 부하와 업무상 이야기를 할 때
◇ 하기 어려운 이야기나 듣기 어려운 이야기를 할 때
◇ 상사나 친구로부터 비난을 받을 것 같은 느낌이 들 때에는 미리 그 자리를 차지한다.

이야기에 서툴거나 이야기에 익숙하지 않은 사람은 특히 정情의 공간에서 가능한 한 상대방의 얼굴을 의식하지 않고 이야기한다면 자연스럽고 대담하게 이야기를 할 수 있을 것이다.

이렇게 하기 위해서는 이야기를 하기 전에 그 장소(앉아 있든 서 있든 좋으니까)를 먼저 확보한 후, 즉 자신에게 유리한 상태를 만들어 놓은 다음 이야기하도록 한다.

③ 공포의 공간

이 공간은 전혀 자신의 눈에는 들어오지 않는 뒤쪽 공간을 말한다. 자신의 시야로부터 사라져서 뒤돌아보지 않는 이상 전혀 알지 못하는 공간에 대해서 인간은 무저항 상태이며 또한 무슨 일이 일어날지 알 수 없는 공포감을 느끼게 된다.

일반적으로는 이 공간을 사용하지 않지만 특수한 경우에 사용한다.

◇ 사람을 놀라게 할 경우, 뒤쪽에서 말을 걸 경우
◇ 상대방을 매도할 때에
◇ 정면에서 부끄럽다거나 겸연쩍다고 생각할 경우, 뒤에서 부드럽게 이야기를 던질 때

08_매너, 특히 몸가짐에 주의한다

 사회생활에 있어서 사람들과 접촉할 때 유의해야 할 점은 매너이며 특히 첫인상을 결정하는 것은 몸가짐이라고 할 수 있다.

일개 사회인으로서 타인과 접할 때에 상식 있고 절도 있는 언동으로 상대방에게 좋은 인상을 주며 느낌이 좋은 사람이라는 이미지를 준다면 다음 단계인 대화도 좋은 방향으로 진행될 것이다. 예의 바르고 절도 있는 대화 방법이나 행동에 철저해지도록 항상 주의를 기울이지 않으면 안 된다.

특히 첫인상은 만나는 순간 30초로 결정된다는 말도 있듯이 그 첫인상을 결정하는 몸가짐에 대해서는 날마다 충분한 주의를 하지 않으면 안 된다.

① 신체의 청결함은 인품을 나타낸다.

아무리 비싸고 훌륭한 복장이나 소지품을 가졌더라도 신체의 각 부분이 청결하지 않다면 인간성과 불균형을 이뤄 좋은 인상을 줄 수 없으며 오히려 그 사람의 인간성에 의문을 갖게 될 것이다. 신체의 각 부분에서 특히 주의해야 할 점들을 살펴보자.

가. 머리 : 머리에 빗살 자국이 생기거나, 먼지나 더러움이 남지 않도록 한다.

나. 손 : 더러움(기름)이 없도록, 특히 화려한 매니큐어를 바를 때

에는 주의해야 한다.

다. 손톱 : 손톱은 짧게 깎는다.

라. 수염 : 매일 아침 반드시 깎는다.

마. 콧수염 : 콧구멍으로 코털이 들여다보이지 않도록 짧게 깎는다.

바. 귀 : 귀지를 말끔히 청소한다.

사. 입 : 입 냄새에 주의한다.

아. 치아 : 매일 아침저녁으로 반드시 닦는다.

자. 눈 : 눈곱이나 충혈된 눈에 주의한다.

차. 얼굴 : 얼굴색이나 얼굴 전체를 깔끔히 한다.

카. 신체 : 신체에서 나는 냄새나 더러운 옷에서 나는 냄새에 주의한다.(향수로 가볍게 커버한다)

타. 기타 : 지방성이나 땀이 많이 나는 사람은 특히 주의하며 항상 손수건으로 닦는다. 또한 화장이나 목걸이, 반지, 귀걸이 등은 지나치게 화려하지 않도록 한다.

이상의 주의 사항을 반드시 매일 아침 습관적으로 체크하고 손질한다. 매일 아침 세수할 때나 화장실에서 거울을 볼 때, 그리고 목욕할 때 항상 청결함을 유지하도록 노력한다.

② 복장의 균형

자신의 특징이나 개성을 살리고 연령에 맞으며, 청결감이 강조되는 복장을 선택하여 전체적인 균형을 고려하도록 한다.

특히 남성의 경우에는 다음 사항에 유의한다.

가. 양복 : 밝고 안정된 것으로서 원색이나 큰 체크무늬 등은 일
반적으로 피하는 것이 좋다. 연한 파랑색이나 회색, 밤색 등
을 기본으로 하여 한 줄이나 두 줄 정도의 가는 줄무늬 모양
이 들어간 것이 적당하다. 체취가 나지 않도록 주의한다.

나. 와이셔츠 : 흰색 천으로 밝은 스트라이프나 양복과 동색 계열
의 컬러 셔츠도 좋다. 소매나 목 부분이 더럽지 않도록 주의
한다.

다. 넥타이 : 양복 색과 동색 계열이 넥타이 색상에 섞여 있는 것
을 선택하는 것이 이상적이며 안정감 있고 센스 있는 느낌을
준다. 넥타이를 맨 모양이 단정해 보이도록 주의한다.

라. 구두와 양말 : 구두 색은 양복 색과 맞추고 양말은 구두 색과
맞추며, 화려한 무늬가 들어 있는 것은 피한다. 표준적으로
구두색은 검은색이나 밤색을 선택하도록 하며 흰색이나 회색,
파란색 계통 등의 눈에 띄는 색은 가능한 한 피한다. 또한 파
티나 다른 사람의 집에 초대를 받았을 경우 양말은 방문 직전
에 새것으로 갈아 신는다.

여성은 일반적으로 방문하는 곳이나 만나는 상대 등 그때그때의
상황에 따라 복장을 맞춰 입으며 너무 화려하고 사치스러운 복장은
피하는 것이 무난하다. 또한 유행을 타는 옷은 자신에게 어울리는
지의 여부를 확인하고 선택하는 것이 바람직하다. 의외로 어린이들

이나 중고등학생들의 의견을 듣는 것도 좋을 때가 있다. 복장은 사람을 만나 이야기할 때에 많은 영향을 주는 만큼 주의를 해야 한다.

【복장의 체크 포인트】

　　◇ 신체의 청결함
　　◇ 복장과 지참물의 조화
　　◇ 지나치게 화려하지 않게
　　◇ 단추, 지퍼를 단정히
　　◇ 넥타이를 단정하게
　　◇ 의복의 청결과 조화
　　◇ 구두의 청결
　　◇ 진한 화장과 향수는 피할 것
　　◇ 체취에 주의

③ 소지품이나 장신구

　원칙적으로는 만나서 이야기할 상대방과의 조화(균형)를 생각한 후 소지품이나 장신구를 선택하는 것이 바람직하다. 물론 파티 등의 특수한 경우는 제외한다. 너무 비싼 고가품은 피하는 것이 상식이다. 특히 눈에 잘 띄는 시계, 라이터, 만년필, 담배, 목걸이, 귀걸이, 반지 등은 자신의 신분에 맞는 것을 선택하도록 한다. 이것 역시 중요한 매너라고 할 수 있다.

09_발성음에 주의한다

 일반적으로 사람의 목소리는 제각기 다르게 마련이다. 이야기할 때의 발성음은 크게 고음, 중음, 저음의 세 가지로 나누어진다.

◇ 고음高音 : 높은 음을 말한다. 일반적으로 여성에게 많으며, 기뻐서 나타내는 소리도 여기에 포함된다. 고음으로 이야기할 때는 기쁜 일이 있어서 크게 웃을 때나 흥분 상태에 가까운 때이며 일반적인 이야기를 할 때에는 가능한 한 극단적인 고음이 되지 않도록 목소리를 자제하도록 한다. 목소리를 억제하는 방법으로는 되도록 입을 작게 열고 마음속을 향해서 발음하도록 노력하는 것이 좋다.

◇ 중음中音 : 표준적인 음으로 일반적인 이야기를 할 때 내는 발성음으로는 가장 듣기 쉬운 소리이다. 마이크를 사용하거나 전화로 이야기할 때에도 명료하게 들을 수 있는 발성음이다.

◇ 저음低音 : 낮은 음으로 일반적인 이야기를 할 때에는 듣기 힘든 경우가 많다.

따라서 이야기 법을 위해서는 의식적으로는 높은 목소리로 이야기하도록 하며, 기분상으로 조금 입을 크게 열고 약간 띄운 듯한 목소리로 이야기하는 방법이 좋다. 또한 전화를 걸 때에는 수화기를 자신의 코 위에까지 들어 올려서 위를 향해(밑을 향해 이야기하지 않도록) 이야기하도록 훈련하면 저음이라도 조금은 고음화되어 상대방이 듣기 쉬워진다. 이것도 조금만 신경 쓰면 이야기 법을 좋은 방향으로 교정할 수 있는 방법이다.

그러나 이야기 법의 능숙하고 서투름에 따라서 듣기 쉽고 어려운 목소리가 있기 때문에 각자 충분히 자신의 발성음에 대해 연구해 보고 서서히 훈련하면서 교정해 나가도록 한다. 훈련법으로는 혼자서 거울을 보면서 입을 벌리는 방법이나 입을 위로 또는 아래로 향하게 하는 발성음 연습을 매일 5~10분 정도 꾸준히 한다. 그리고 일상생활에서 연습의 성과를 시험해 보도록 한다.

10_몸동작은 다소 과장된 듯하게 표현한다

 몸동작(Body Action)이란 이야기를 능숙하게 이끌어 나갈 수 있느냐 없느냐를 결정하는 수단이라고 할 수 있다. 특히 다음과 같은 사람은 보디 액션을 효과적으로 이용하는 것이 바람직하다.

◇ 내용 없이 그리고 재미없게 이야기하는 사람
◇ 음의 높고 낮음이 없이 같은 톤으로 계속해서 이야기하는 경향이 있는 사람
◇ 이야기 사이에 '쉼(짬)'이 없이 이야기하는 사람(또는 빠르게 이야기하는 사람)

◇ 능숙하게 이야기할 자신이 없는 사람

◇ 이야기하는 것을 어렵게 생각하는 사람

대체적으로 아나운서나 사회자를 제외한 말솜씨에 능숙한 사람들은 모두 보디 액션을 사용함으로써 이야기에 기복을 주고 정열을 넣어 상대를 사로잡는다.

그렇다면 보디 액션이란 무엇인가?

◇ 얼굴 표정을 이야기 내용에 따라 변화시킨다. 화난 얼굴, 기뻐하는 얼굴, 슬픈 얼굴, 놀란 얼굴 등의 표정을 지으면서 이야기한다.

◇ 고개를 좌우로 흔들어 표현한다. 이야기의 내용에 대한 자신의 의지 등을 머리를 움직임으로써 표현한다.

◇ 손을 사용하여 이야기의 내용을 말과 손동작으로 표현한다. 이것이 가장 많이 사용되는 방법이며 초보자들이 사용하기 쉬운 방법이다.

◇ 발을 사용하여 박자를 맞춤으로써 이야기에 생동감과 열의를 표현한다. 이야기의 내용에 힘을 넣을 필요가 있다거나 열정을 표현할 필요가 있을 때에는 힘차게 발을 구른다거나 목소리에 힘을 준다.

◇ 몸 전체를 움직인다. 상체를 앞으로 구부리거나 몸 전체를 좌우로 움직이며 2~3걸음 정도 걷거나 비스듬히 옆으로 몸을 기울이기도 한다.

단지 입으로만 이야기하는 것이 아니라 상대방의 이해를 돕기 위해서는 이야기의 내용에 따라 보디 액션을 사용해야 한다는 것이다.

특히 조금 과장된 듯하게 표현하는 쪽이 빠르게 말솜씨를 숙달시킬 수 있는 방법이다. 예를 들어 '5년이 지나서'라는 이야기를 할 경우 오른손의 다섯 손가락을 쫙 보이면서 함께 표현하는 것은 누구나 쉽게 할 수 있는 보디 액션이다.

11_대화 사이의 쉼(짬)에 주의한다

 이야기 사이의 '쉼(짬)'이라고 하는 것은 한 단락의 이야기를 마치고 다음 이야기로 넘어갈 때 잠시 쉬는 휴식 시간이며 이야기하는 사람이 숨을 돌리는 시간이기도 하다. 또한 이야기를 듣고 있는 사람들은 이 '쉼(짬)'을 이용하여 이야기의 내용을 정리하거나 음미함으로써 이야기를 이해하는데 도움이 되는 시간이 되기도 한다.

너무 빠른 속도로 쉬지 않고 계속해서 이야기를 하면 아무것도 귀에 들리지 않으며 마지막에는 무엇을 들었는지조차 알지 못하게 되어버린다. 이 '쉼(짬)'은 만담이나 강연 등에서도 반드시 필요하며 충분히 연습해야 할 부분이다.

이러한 이야기 사이의 '쉼(짬)'을 만드는 방법으로는 다음과 같은 것들이 있다.

◇ 이야기에 단락을 만들 것. 이것은 구두점句讀點이 있는 이야기 스토리를 구성하라는 뜻이다.

◇ 한 단락을 15초에서 20초 정도로 한다.

◇ '쉼(짬)'을 내는 방법은 이야기 도중 말과 말 사이에 마음속으로 '일, 이, 삼'이라고 수를 셀 수 있을 정도의 시간을 두는 것이다.

◇ 아직 익숙하지 않다면 이야기의 내용에 관계없이 한 단락을 15~20초 정도의 길이로 정하고 그 시간마다 '일, 이, 삼'이라고 숫자를 세어가면서 다음 이야기로 넘어가는 것도 좋다.

◇ '쉼(짬)'을 내는 방법의 하나로서 전술한 것과 같이 보디 액션을 병용한다면 듣는 사람들이 보디 액션에 정신을 빼앗기는 만큼의 시간을 벌 수 있다.

이상과 같은 방법으로 계속 연습해 나간다면 자연스럽게 쉼(짬)을 내는 타이밍과 호흡이 몸에 익숙해져서 너무 어렵다고 생각되지 않을 것이다.

12_시선의 위치와 사용 방법

 '눈으로 말해요.'라는 옛말도 있듯이 이야기할 때의 눈의 사용 방법은 상당히 어렵다. 사람에 따라서 '이야기를 하고 있는 도중에 상대방의 눈을 응시하라.'고 하는 사람도 있는데 오늘날에는 눈의 사용 방법에 다소 변화가 일어나고 있다.

눈은 그 사람의 의지나 감정을 솔직하게 표현하기 때문에 특별히 눈의 표정 등에 대해서 훈련을 할 필요는 없다. 오히려 자연 그대로 놓아두는 편이 좋다. 그러나 이야기를 하고 있을 때 시선의 위치는 이야기가 부드럽게 진행되는가 그렇지 못한가에 영향을 주기 때문에 주의해야 할 것이다. 여러 가지 이야기에 있어서 시선을 두는 위치를 살펴보자.

◇ 한 사람이 상대방과 이야기를 할 때는 첫인사를 할 때와 이야기의 단락(15~30초 정도의 시간)마다 부드럽게 상대방의 눈을 2~3초 정도 쳐다보는 것이 좋다. 이것은 이야기에 대한 상대방의 반응을 체크하는 데에도 필요하다. 다만 깊이 생각하고 이야기를 할 때에는 상대방의 눈을 계속 응시해도 좋다.

◇ 테이블 위에 무엇인가 도구 등을 놓아둔 경우에는 그곳으로 시선을 둔다.

◇ 상대의 얼굴 밑부분(입부터 턱까지)과 목 부분을 아련한 기분으로 바라본다. 단지 뚫어지게 쳐다봐서는 안 된다.

◇ 그렇지 않으면 상대방의 얼굴을 중심으로 해서 조금 떨어진 양쪽의 귀 부분을 초점을 두지 말고 어렴풋이 쳐다보는 정도가 좋다. 세일즈맨들 중에는 판매의 마지막 상담 시에 절대로 상대방의 눈을 쳐다보지 않으면서 최후의 상담을 실시하여 성공한 사례가 많다고 한다.

◇ 두 사람 이상을 상대할 때에는 상대방에게 자신의 얼굴을 향하게 하고 이야기의 처음에 상대방의 눈을 2~3초 동안 본다. 다음은 한 사람과 이야기할 때와 마찬가지이다. 그러나 상대에게 자신의 이야기에 대한 동의를 구하거나 이야기의 취지를 이해했는지 반응을 알아볼 때에는 한 사람 한 사람에게 차례로 돌려가며 시선을 준다. 이때 상대의 눈을 보는 시간은 한 사람당 2~3초 정도가 적당하다. 또한 자신의 얼굴 중심은 항상 상대의 중심이 되는 사람에게 향하는 것이 매너이다.

◇ 많은 사람 앞에서 이야기할 때는 청중들의 눈을 보지 않는 것이 좋다. 그렇지 않아도 많은 사람들 앞에서 이야기하는 것만으로도 떨리기 때문에 청중의 정가운데로 얼굴을 향하고 눈은 초점을 주지 않으며 아련하게 그 주변을 바라보는 것이 이야기를 편안하게 할 수 있는 방법이다.

◇ 때에 따라서는 자신의 얼굴을 좌우로 이동시키면서 청중의 얼굴 부근을 보는 것이 좋다.

◇ 청중 한 사람 한 사람의 얼굴을 보면서 자신의 이야기에 동의를 얻으려고 하는 사람이 있는데 이러한 사람은 스피치에 베테랑이며 이렇게 되기까지는 오랜 경험을 필요로 한다.

◇ 자신이 말솜씨에 자신을 갖기까지는 가능한 한 청중의 눈을 의식하지 않도록 하며 상대방의 눈을 보지 않고 이야기하는 편이 쉽다. 만약 상대방의 눈과 마주친다면 부드러운 미소를 머금고 조용하게 자신의 눈을 다른 쪽으로 이동시키는 것이 좋다.

이상과 같이 상대방의 눈을 부드럽게 바라보는 것이 대전제이며 처음과 중간 중간 이야기의 단락마다 2~3초 정도 바라본다면 이야기를 편안하게 할 수 있을 것이다.

13_공통의 화제를 빨리 발견한다

 상대방과 이야기를 허물없이 그리고 아주 부드럽게 진행할 수 있는 방법으로서 자신과 상대방이 모두 알고 있는 내용이나 흥미를 갖고 있는 화제를 빨리 발견해 내는 것이 첫 대면에서는 유리하다. 이것은 고객과의 만남을 주업무로 하는 세일즈맨에게는 더더욱 중요하다.

이야기를 즐겁게 진행할 수 있는 공통의 화제란 일반적으로 다음과 같다.

◇ 출생지나 출신 학교가 같다 : 출생지나 출신 학교에 대한 추억이 담긴 이야기를 한다.

◇ 취미가 같다 : 골프, 야구, 사냥, 낚시, 장기, 바둑, 여행, 음악 감상 등 상대방의 취미를 알아내서 자신의 취미와 지식 범위 내에서 이야기한다.

◇ 기호품이 같다 : 술이나 각종 음식, 자주 이용하는 레스토랑이 같은 경우 그것에 대해 이야기한다.

◇ 자녀 문제에 대해 같은 생각을 가지고 있다 : 같은 또래의 자녀를 두고 있어 진학이나 학원 등의 고민을 가지고 있을 경우 학교 문제와 교육 문제를 중심으로 서로의 고민에 대해 이야기한다.

◇ 가정에 관계된 화제 : 화초(원예)나 쇼핑, 물가, 생활비, 가정용품 등에 대해서 누구나 생활해 나가는 데 필요한 화제를 선택한다.

이상과 같이 주변에서 쉽게 구할 수 있는 화제를 선택하여 질문 화법을 사용하여 공통된 화제를 발견한다. 이것을 중심으로 하여 자신의 지식이나 일상생활에 대하여 마음을 터놓고 이야기하게 되는데 이러한 방법 역시 말솜씨를 숙달시키는 하나의 길이라고 할 수 있다.

14_칭찬의 말은 한 번으로 끝내는 습관을 갖는다

이야기하는 상대가 한 사람이든 두 사람이든 반드시 이야기의 처음이나 중간에는 상대방의 좋은 점을 발견하여 칭찬해 준다. 다만 속이 빤히 들여다보이는 인사치레의 말은 하지 않도록 한다. 이것은 부모 자식 간이나 동료 간, 상사나 손님과의 사이에서도 반드시 필요한 것이다.

단 한 번 확실하게 칭찬하는 말을 사용하는 것이 그 이후의 이야기를 진행하는 데 있어서 상대방의 기분을 좋게, 그리고 자신의 이야기를 악의 없이 받아들이게 한다. 일반적으로 인사를 나눈 후 금방 눈에 띄는 것이나 이전부터 들어왔던 상대방에 대한 것에 대해서 한마디 가볍게 칭찬한다면 기분 좋게 대화를 이끌어 나갈 수 있을 것이다.

그렇다면 칭찬의 말이란 어떤 것일까?

◇ 현관에서 : 청소가 잘 되어 있어 깨끗하다. 신발이 깔끔하게 정리 · 정돈되어 있다. 화초를 예쁘게 잘 키웠다 등.

◇ 방 안에서 : 정리가 잘 되어 있다. 훌륭하고 멋진 장식물이나 그림 등으로 꾸며져 있다. 골프나 그 밖의 대화에서 받은 상이 훌륭하다. 밝은 느낌의 방이다 등.

◇ 회사에서 : 바쁠 정도로 활기가 있다. 정리 정돈이나 청소가 잘 되어 있다. 사원들의 매너가 좋다. 분위기가 밝다 등.

◇ 서서 이야기할 때(길에서 만났을 때) : 같이 가는 자녀가 건강하다든가 귀엽다. 상대방이 언제나 젊고 싱싱하며 건강해 보인다. 옷을 센스 있게 입었다 등과 같은 부분 중에서 눈에 띄는 하나를 골라 칭찬한다.

이상과 같이 눈에 띄는 것으로 상대방이 날마다 자랑하거나 신경을 쓰고 있는 부분에 대해서 칭찬하는 것이 자연스러우며 대화나 상담을 부드럽게 이끌어 나갈 수 있는 하나의 방법이다.

15_설득 말솜씨를 참고로 한다

남자가 여자를 설득할 때나 세일즈맨이 판매 시 사용하는 화법은 적어도 거의 필사에 가깝게 가진 모든 것을 던지는 특수한 화법이다. 그러나 이 경우에는 약간의 거짓말이나 과장이 들어가는 경우가 있기 때문에 모든 화법을 참고로 하지 않으면 안 된다.

이러한 때에는 참고가 되고 표준이 되며, 활용할 수 있는 것은 무엇이든지 자신의 것으로 만들겠다는 욕심을 가지는 마음 자세가 반드시 필요하다.

설득 화법을 익히기 위한 방법을 알아보자.

◇ TV나 영화 등에서 대사를 주고받는 장면 등을 보고 익힌다.

◇ 소설에서 사용된 설득 표현을 응용한다.

◇ 친구나 친지 등 설득에 관계된 이야기의 내용으로부터 배운다.

◇ 세일즈맨이 판매를 위해서 구매자를 설득하는 화법을 보고 들으면서 배운다.

이 중에서 일부만을 익혀 응용해 보는 것도 필요하다. 다만 이것은 실험이니만큼 억지로 할 필요는 없다. 특히 세일즈맨이나 점원의 설득 화법에 있어서는 아는 사람으로부터 조언을 듣는 정도로 하는 것이 좋다.

설득 화법을 공부하면서 어디에 포인트를 두어야 할까?

◇ 인사할 때의 말과 동작

◇ 어떠한 칭찬의 말을 어떻게 사용했는가?

◇ 화법은 어떠한 형태인가?

◇ 보조 도구는 사용했는가?

◇ 몸가짐이나 태도는?

◇ 특히 인상적인 말은(상대방을 사로잡을 수 있는 결정적인) 어떤 것이었나?

◇ 보디 액션을 취한 방법은?

◇ 공간 간격을 활용하였는가?

◇ 스스로 응용할 수 있는 부분이 있는가?

16_말솜씨 연습을 위해 TV를 보는 법

 TV를 통한 말솜씨 학습의 중요성에 대해서는 이미 설명했는데 여기서는 자신의 말솜씨 숙달을 위한 학습법에 대해서 설명하겠다.

오늘날과 같은 TV 시대에는 누구나 간단히 TV를 통해서 말솜씨 훈련을 할 수 있다. 말솜씨를 알게 모르게 몸에 익히기에는 아주 좋은 시대라고 할 수 있다. 따라서 계획적으로 확실한 의지를 가지고 TV를 통한 말솜씨 훈련을 하기 위해서는 우선 학습의 목적과 TV 프로 선정을 결정해야 한다.

말솜씨 향상을 위해서는 여러 가지 많은 연구를 하지 않으면 안 되기 때문에 어떠한 프로를 통해서 무엇을 배울 것인가를 확실히 해두는 것이 가장 중요하다고 할 수 있다.

따라서 TV를 통한 말솜씨 훈련의 효과를 높이기 위해서는 다음과 같은 방법을 이용해 본다.

◇ 표준어를 익히고 싶을 경우 : 뉴스나 다큐멘터리 프로, 일기예보 등 아나운서나 해설자의 이야기 법을 확실하게 수십 번씩 반복하여 표준어가 몸에 배도록 듣는다.

◇ 일반적인 이야기 법을 연구하고 싶은 경우 : TV 드라마나 영화 스토리의 대사를 기초로 하여 대사에 따르는 얼굴 표정, 특히 드라마나 주변에서 일어나는 생활면을 통해서 배우는 것이 좋다. 아침에 하는 모닝쇼나 저녁에 하는 와이드 쇼 등 여러

명의 사회자들이 이야기를 엮어 나가는 대화 내용도 좋다.

◇ 보디 액션을 몸에 익히고 싶을 경우 : 가요 프로그램 중에서 가수가 노래할 때 사용하는 손동작과 몸동작 등을 주의 깊게 본다. 탤런트가 하는 크고 격렬한 몸동작을 그대로 본받을 필요는 없지만 그중에서 약 30~50퍼센트 정도는 자신의 말솜씨에 응용하는 것도 좋다. 조금 과장되기는 하지만 개그맨이나 만담가들의 연기에서도 참고할 부분이 많이 있다. 특히 만담의 경우에 주의할 점은 만담을 하는 두 사람은 절대로 둘이서 눈을 맞추지 않는다는 것이다. 왜냐하면 우스운 내용에 대해서 서로 이야기를 하기 때문에 두 사람의 눈이 마주치면 생각지도 않게 웃는 경우가 생기는 것이다. 이렇게 되면 이들을 프로라고는 할 수 없다. 이러한 점들이 이야기할 때 시선의 위치에 따른 주의해야 할 부분이다.

◇ '쉼(짬)'을 내는 법에 대해서 : 베테랑 만담가나 아나운서, 사회자들은 반드시 시청자들이 이해하기 쉽고 듣기 쉽도록 이야기와 이야기 사이에 '1, 2'나 '1, 2, 3'이라고 세는 정도의 '쉼(짬)'을 가져야만 한다. 시청자들이 의식하고 본다면 잘 알 수 있기 때문에 시청하기 전에 '쉼(짬)'에 대한 목적을 확실히 해야만 한다.

◇ 듣기 쉬운 발성음이란 : 표준음의 모델이 되는 사람은 아나운서라고 할 수 있다. 표준음을 기준으로 하여 어느 프로든지 시청하고 듣기 좋은 발음을 가진 사람을 발견하여 자신의 발성음이 그 사람의 발성음에 가까운 것 같다면 이후에는 중점적

으로 그 사람의 프로를 시청하도록 한다. 어디까지나 자신의 발성음을 인식하고 듣기 좋은 발성음을 가진 사람을 발견하여 발음의 견본으로 삼아 그 발음에 가까워지도록 노력하는 것이 듣기 좋은 발성음을 학습하는 빠른 방법이다.

◇ 독특한 언어 사용법과 어구語句에 대해 : 최근에는 이야기 가운데 유머러스하고 재미있는 어구들이 많이 유행하고 있다. 이러한 유행어를 이야기 중간 중간 적당한 시기에 넣어 이야기한다면 분위기가 부드러워지면서 대화가 원활하고 온화해질 것이다. 이렇게 하기 위해서는 유행어에 대해 폭넓게 알아두는 것이 좋다. 이러한 유행어가 자주 사용되는 프로는 CM의 대화나 퀴즈 프로 사회자의 대사, 유행가의 노랫말 등이다.

17_말솜씨를 위한 활자류 읽는 법

앞에서는 화제(이야깃거리) 수집을 위해 신문이나 잡지, 책 등을 읽는 방법에 대해서 설명했는데 본 항에서는 이러한 것을 어떻게 이야기 법에 활용하는가에 대해서 알아보기로 하자.

일반적으로 말솜씨에 참고가 되는 것은 다음과 같다.

◇ 전국지 신문, 지방지, 스포츠지 등이 있으며 비즈니스맨에게는 각종 경제지나 업계지 등이 있다.

◇ 매주 발행되는 각종 주간지, 계간지나 만화 등.

◇ 월간지나 단행본 등은 비즈니스맨들에게.

이상의 활자류는 현재의 생활수준이나 정도에 따라 읽을 수 있는 것과 읽을 수 없는 것이 있다. 스피치를 위한 잡지나 책의 구입 방법은 다음과 같다.

◇ 신문 광고란의 목차 중에서 흥미가 있거나 가정생활이나 사업 상 관계가 있는 것만을 체크해 둔다.

◇ 다음으로 서점에 나가 눈에 띄는 책이나 흥미가 있는 내용을 1~2분간 서서 읽는다. 자신의 생각과 일치한다면 구매한다.

◇ 책을 구매했다면 지하철이나 직장의 휴식 시간 또는 집에서 흥미가 있는 부분부터 읽기 시작한다.

◇ 그리고 그 내용 중에서 더욱 흥미를 느끼거나 감명을 받은 부분에는 빨간 펜으로 밑줄을 긋는다.

◇ 다음에는 맨 처음부터 정독精讀 방식이 아닌 눈으로 대충 쓱 읽어보고 별도로 흥미를 느낀 부분에는 붉은 펜으로 선을 긋는다.

◇ 책을 전부 읽었다면 붉은 선을 그은 부분을 다시 한 번 그리고 큰 소리를 내어 읽는다.

◇ 다시 한 번 세 번째 읽을 때에는 붉은 선을 그은 부분만 큰 소리를 내어 읽는다. 이렇게 하면 붉은 선 부분은 어느 정도 기억에 남을 것이다.

◇ 자신이 없는 부분은 그 부분을 오려 내어 스크랩북이나 소지하고 있는 노트에 파일한다. 그 어구(문장)만은 가능한 한 기억하도록 노력한다.

◇ 기억했다면 그대로 이야기 내용에 활용해도 좋고 또한 ○○ 책에서 인용했다고 이야기한다면 이야기에 더욱 무게가 있을 것이다.

◇ 이 방법은 신문 기사 내용에서도 마찬가지이며 차차 익숙해지면 자신이 흥미를 갖고 있는 부분만이 아니라 일반 사회인으로서 알아두어야만 할 정보나 지식 등으로 범위를 넓혀가는 것이 필요하다.

18_대화중에 사용되는 경어

 상사나 부모 또는 손님에게는 가능한 한 경어를 사용하도록 한다. 경어란 상대방을 존경하는 표현이다. 아무리 마음속으로 감사의 마음이나 존경의 마음을 가지고 동작으로 나타내도 인간인 이상 그것을 말로 표현하지 않는다면 상대방은 알지 못하며 통하지 않는다.

일반적인 대화 속에서 경어의 사용 방법을 알아보자.

◇ 자신의 행동을 표현할 때 : '……하게 해주십시오.' '……하고 싶다고 생각합니다.'

◇ 의뢰할 경우 : '⋯⋯해주시지 않겠습니까?' '⋯⋯을 부탁드려도 괜찮겠습니까?'

◇ 사죄의 말이나 거절을 할 경우 : '죄송합니다만.' '대단히 실례의 말씀입니다만.' '아무쪼록 용서해 주십시오.'

◇ 감사의 표현 : '정말로 감사합니다.'

◇ 연락을 필요로 할 경우 : '차후에 전화로 연락드리겠습니다.' '다음 기회에 찾아뵙겠습니다.'

이상의 열여덟 가지 항목은 말솜씨 연습을 위한 학습법으로, 실제 훈련으로써 스스로 자습하는데 필요한 지침과 방향을 제시해 줄 것이다.

이러한 학습법은 일률적으로 동시에 진행시키는 것이 아니라 자신의 판단에 따라서 실천하기 쉽고 간단한 것부터 스케줄표를 만들어서 이것에 기초하여 하나하나 마스터할 수 있도록 진행시켜 나가는 것이 좋다. 다만 한 걸음씩이라 해도 한 항목당 평균적으로 일주일 정도가 표준적인 시간이다.

중요한 것은 일상생활에서 모든 항목을 의식적으로 습관화시키는 것이 스피치를 숙달시킬 수 있는 지름길이라는 사실이다. 아침에 일어나서 잠자리에 들기까지의 시간 동안 머릿속 한구석에 이 열여덟 가지 항목을 기억하여 의식적으로 실천할 수 있도록 하여야 한다.

chapter 4에서는 스피치를 숙달시키는 학습법에 대해서 설명하였다. chapter 5에서는 스피치를 숙달시키는 실전 응용법에 대해서 살펴보기로 하겠다. 앞에서 설명한 것과 같이 중요한 부분은 붉은 선으로 밑줄을 그어가면서 3회 정도 읽어보기를 재차 부탁드린다. 이것은 여러분 자신을 위해서이다.

chapter 5

직장인이
말솜씨를 높이는 방법

01_당신은 뛰어난 말솜씨를 지니고 있는가

회사에 입사한 당신을 가장 잘 나타낼 수 있고 또 정확한 평가를 받을 수 있는 기준은 바로 언어이다. 만일 당신에게서 말을 빼앗아가 버린다면 어떻게 될 것인가. 즉 선배, 상사에게 신임인사를 할 수가 없다. 또한 업무 보고나 의견을 낼 수도 없을 것이다. 무엇인가에 대한 인사말도 할 수 없다. 동료와 즐겁게 대화할 수도 없으며, 손님과 상담도 할 수 없다. 물론 전화를 거는 일도 받는 일도 할 수 없게 된다. 말을 자유자재로 구사할 수 없는 사람이 일반 직장에서 일할 수 없는 이유가 바로 여기에 있다. 이건 극단적인 사례이지만, 이야기는 할 수 있어도 매우 서툴기 때문에 상당히 마이너스를 가져오는 사람이 많다.

얼마 전 어느 기관에서 '당신은 과연 말주변이 없습니까?'라는 앙케트 조사를 한 적이 있다. 그 통계에 의하면 '그렇게 생각한다.'가 61.6퍼센트, '보통이라고 생각한다.'가 29.3퍼센트, '말주변이 있다고 생각한다.'가 9.2퍼센트라는 결과가 나왔다.

이처럼 대개의 사람은 말주변이 없어서 고민하고 있다. 특히 남 앞에서 격식을 차린 말을 할 경우 대단히 난처해하는 사람이 많이 있다. 말주변이 없는 사람은 자신의 말솜씨에 항상 자신감을 가질 수 없을 뿐 아니라, 심하게는 열등감에 빠지게 된다. 그렇기 때문에 인간관계나 업무면에서 커다란 손실을 초래하고 있다.

사실 우리나라에서는 말하기에 관한 교육은 거의 실시하고 있지 않다. 최근의 초등학교 국어시간에 읽기·쓰기와 함께 말하기·듣기도 포함되어 있기는 하지만, 이야기하는 태도에 대해서 정규 과목으로 배운 사람은 없을 것이다. 영어의 발음이나 발성은 가르치지만, 한국어의 발음이나 발성은 가르치고 있지 않다.

그러므로 말투의 교육을 받지 않은 우리는 다른 사람이 말하는 것을 보고 흉내를 내거나 모방하는 가운데 저절로 터득한 자기 나름대로 익숙해진 말투를 사용한다. 때문에 조리 있고 능숙하게 얘기할 수가 없다.

고등학교나 대학을 나온 신입사원이 자기소개 하나 만족하게 구사할 수 없는 것은 한심스러운 일이지만, 생각해 보면 무리도 아니다. 배우지 않은 것은 할 수 없는 것이 당연하기 때문이다.

그러나 직장에 들어가서는 이것이 통하지 않는다. 직장 사람들과는 서로의 의지나 감정, 여러 가지 정보를 신속하고 정확하게 전달하지 않으면 안 된다. 이것을 할 수 없으면 인간관계에 틈이 생기거나 업무가 잘 진척되지 않는 경우가 많다.

사회인이면 누구나 말솜씨의 능력을 높이도록 노력해야 한다. 언제라도, 어디서라도, 누구에게라도 자신의 의사나 감정, 정보 등을 바르게 전달할 수 있어야 한다.

02_직장에서 피해야 할 대화 방법

 필자는 세미나와 사원 연수를 담당했을 때 수강자들에게 대화의 방법에 대해서 설문 조사한 일이 있었다. 질문은 '대화를 하는 중에 가장 불쾌하게 느껴지는 경우는 어떤 때입니까?' 라는 내용이었다. 그에 대한 답변은 대략 다음과 같았다.

◇ 이야기를 열심히 하고 있는데 상대방이 다른 것을 생각하고 있는 듯한 태도를 취했을 때
◇ 이쪽 이야기를 가로막았을 때
◇ 이야기를 혼자서만 할 때
◇ 무엇을 애기하고 있는지 모를 이야기를 들을 때
◇ 비꼬는 말투로 대꾸했을 때
◇ 침착하지 않은 말투로 이야기했을 때

◇ 지루하게 말을 늘어놓았을 때

◇ 타인의 험담이나 푸념을 들었을 때

이처럼 직장 동료나 거래처 사람과 대화를 할 때 상대의 입장을 고려하지 않으면 그 사람의 마음을 초조하게 만들거나 얘기를 안 하는 것만도 못한 결과를 초래하게 된다.

이 외에도 상대에게 불쾌감을 주는 말투는 많이 있다. 아래에 열거하는 예가 바로 그런 경우이다.

◇ 자기 자랑을 하는 사람

◇ 감정을 건드리는 사람

◇ 이야기를 독점하는 사람

◇ 독설을 퍼붓는 사람

◇ 타인을 중상하는 사람

◇ 불쾌한 말을 사용하는 사람

◇ 뭔가 숨기는 듯한 말투를 하는 사람 등이다.

인간은 이성이 30퍼센트이고 감정이 70퍼센트라고 한다. 내용이 아무리 좋은 이야기라도 상대가 그것을 감정적으로 받아들일 수 없었다면 이야기의 목적을 달성하기는 어렵다. 즉, 대수롭지 않은 이야기라고 생각할 것이다.

03_경어敬語를 경어輕語로 여기지 말라

 '선생님, 요즘 젊은이들은 경어 하나도 제대로 사용하질 못하니 실로 한심스러운 일입니다.' 라는 이야기를 주변 사람에게 종종 듣는다. 그러한 경향은 확실히 있으며, 필자도 경어불모敬語不毛의 실태를 보거나 듣는 경우가 적지 않았다.

젊은이들은 왜 경어를 제대로 사용하지 못할까. 여기에는 여러 이유가 있다. 가정이나 학교에서 정확한 말솜씨 교육을 받지 않는 것도 하나의 이유다. 그 외에는 '민주적인 회사에서는 사실 상하의 구별이 없다. 모두 평등하기 때문에 나를 상대보다 낮게 생각할 필요가 없다.' 라고 생각하는 풍조 때문인 이유도 있는 것 같다.

경어가 없으면 물론 편리한 점도 있다고 생각한다. 어떤 말을 사용해야 하는가에 대한 걱정이 덜어지고, 생각하고 있는 것을 쉽게 말할 수도 있다. 그럼에도 불구하고 경어는 왜 필요한 것인가. 이는 다름 아닌 상대의 기분을 좋게 하고 자존심을 살려주는 기능을 가지고 있기 때문이다. 그리고 경어를 사용함으로써 상대와의 인간관계도 좋아진다. 경어를 올바르게 사용할 수 없는 사람은 타인에게 따돌림을 당하기도 하며 인간관계에서도 손해를 보는 경우가 많다. 경어를 바르게 사용할 수 없는 가장 큰 이유는 경어에 대한 지식이 부족하기 때문이다. 그럼 경어는 어떤 감각, 태도로 사용하면 좋은가. 이것은 매우 어려운 일이다.

운전을 하는 사람이라면 차간 거리에 대해 잘 알고 있을 것이다.

경어의 사용 방법은 이 차간 거리의 유지 방법과 같다. 차간 거리라는 것은 앞에서 달리고 있는 차와의 거리를 적당히 두는 것이다. 너무 가까우면 추돌 위험이 있고 그렇다고 해서 너무 거리를 두면 뒤에서 달려오는 차가 초조해진다. 따라서 전후 모두 적절한 간격을 갖도록 하는 것이다.

초보자는 운전에 익숙하지 않기 때문에 차간 거리를 넉넉히 두는 경향이 있는 반면, 어느 정도 운전에 익숙해지면 자신감이 생겨 너무 가까이 달리는 경향이 있다. 이렇게 되면 충돌의 위험이 생기는 것이다. 그런데 베테랑 운전자는 자신의 운전 능력이나 상대의 운전 기술 등을 감안해 항상 적당한 차간 거리를 유지하며 운전한다.

말솜씨에서 언어의 경어 사용도 이와 마찬가지라고 할 수 있다. 신입사원은 경어를 쓰는 경향이 있으며, 선배나 상사, 그 외 인간관계에 너무 사이를 두는 편이다. 그런데 조금 지나면 너무 친한 듯한 말투를 사용하는 사람도 있다. 이것은 모두 바람직하다고 볼 수 없는 태도이다. 상대와의 심리적 거리를 너무 두면 서먹서먹해지고 남처럼 행동하게 되어 친밀감을 느끼지 못한다. 반대로 너무 친한 척하면 실례가 된다. 결국 적합한 언어와 경어를 사용하는 마음 자세는 역시 베테랑 운전자처럼 어느 정도의 경험과 상황 판단이 필요하게 되는 것이다.

이것은 꼭 회사 내에서만의 문제가 아니다. 회사 밖, 특히 고객에 대해서도 같다고 할 수 있다. 초면인 고객과 자주 접한 고객과는 접대면에서 많이 달라진다. 따라서 정확하게 판단할 수 있고 처리할 수 있도록 대처하는 것이 중요하다.

04_경어의 상식을 테스트한다

 외부에서 전화를 건 사람은 경의를 표하기 때문에 보통 '김 부장님 계십니까?'라는 말투를 사용한다. 그때 전화를 받은 사람이 신입사원일 경우 '예, 계십니다.'라고 대답한다. 그러나 이것은 틀린 표현이다. 비록 상사라도 외부인에게는 경어를 사용해 대답해서는 안 된다. 이런 상식적인 경어는 더욱더 정확하게 사용해야 한다.

그런 의미에서 당신의 경어 실력에 대해 테스트해 보자.

① 경어 상식 테스트

가. 회사 안에서 당신이 지나가고 있는데 고객이 누군가를 면회하고 싶은 모습이다. 그래서 당신은 그 사람에게 접수처를 가르쳐 주었는데, 다음의 어느 말이 적절한 사용 방법인가?
면회를 하시려면 그곳의 접수처에서 ① 여쭈어주십시오. ② 물어주십시오. ③ 물으십시오.

나. 당신 상사의 따님이 결혼했다. 그것을 안 당신은 즉시 그 상사에게 축하의 메시지를 전했는데, 다음의 어느 것이 바른 표현인가?
따님이 결혼 ① 해서 ② 하게 되어서 ③ 하셔서 축하드립니다.

다. 당신 회사에서 만든 상품이 판매 시스템의 합리화에 의해 상당히 구입하기 쉬워졌다. 그에 관한 것을 관계 부서나 고객에게 전할 경우, 다음의 어느 표현이 적절한가?

당사의 취급 상품을 ① 구하기 쉽게 ② 구할 수 있게 ③ 구하실 수 있게 되었습니다.

라. 회사의 창립기념 파티에서 당신은 사회를 보게 되었다. 그 석상에서 참석자에게 식사를 권할 때 어떤 표현이 가장 적절한가?

어서 ① 들면서 ② 먹으면서 ③ 먹으시면서 ④ 드시면서 이야기를 들어주십시오.

마. 고객을 정렬시키는데 가장 적절한 표현 방법은?

여러분, 이곳에 일렬로 ① 서서 기다려주십시오. ② 서서 기다리십시오. ③ 서시고 기다려주십시오.

〈경어 상식 테스트 정답〉

가. ③ 나. ③ 다. ③ 라. ④ 마. ②

② 일상 회화 능력 테스트

위에서와 같은 일상적으로 쓰는 말을 바람직한 말솜씨로 바꾸면 다음과 같이 된다.

◇ 그렇습니다 → 그렇사옵니다

◇ 모릅니다 → 모르겠습니다

◇ 오면 → 오시면

◇ 어떻습니까 → 어떠십니까

◇ 기다리십시오 → 기다려주십시오

◇ 지금 곧 옵니다 → 지금 당장 오겠습니다

◇ 기다리겠습니까 → 기다리시겠습니까

◇ 먹어 주십시오 → 드십시오

◇ 이것으로 하겠습니까 → 이쪽으로 하시겠습니까

◇ 전화해 주십시오 → 전화를 부탁드립니다

◇ 사용합니까 → 사용하십니까

◇ 주지 않겠습니까 → 주시지 않겠습니까

◇ 그렇습니까 → 그러십니까

◇ 누구십니까 → 어느 분입니까

◇ 어느 것입니까 → 어느 것인지요

◇ 바로 갑니다 → 바로 가겠습니다

◇ 이것입니까 → 이쪽이십니까

◇ 알았습니다 → 알겠습니다

◇ 연락하겠습니다 → 연락드리겠습니다

05_말솜씨(대화)의 계기는 이렇게 만든다

당신은 누군가에게 이야기할 때 우연히 어떤 계기를 잡아 그것을 바탕으로 상당히 스피치의 활기를 띤 경험은 없는가. 그런데 이런 것을 우연이 아니라 의식적으로 할 수만 있다면 정말이지 멋진 일일 것이다. 상대와 당신은 공통 화제를 놓고 흥미롭게 이야기꽃을 피운다. 그 결과, 서로의 인간관계도 깊어진다면 얼마나 좋은 일인가.

그런데 이처럼 가치 있는 대화의 기술을 충분히 구사하고 있는 사람은 의외로 적다. 서로 상대에 대해서 조심스러워하고 경계심을 품고 있어서 마음과 마음의 접촉, 즉 서로의 마음에 벨트를 채울 수가 없기 때문이다.

이러한 문제를 해결할 수 있는 매우 귀중한 기술이 있다. 그것은 상대에게 자주 질문을 하는 것이다. 질문의 내용은 일부러 생각할 필요는 없다. 기후나 계절 이야기부터 상대의 출신지, 출신 학교, 가족, 취미 등 아무거나 괜찮다. 가능한 한 상대에 관한 일을 화제로 하면서 대화를 진행시키는 것이다.

질문의 요령은 '왜, 어디서, 어째서' 등의 말을 사용한다. 상대가 거기에 흥미를 가지고 있다면 그것을 화제에 올린다. 그런데 상대가 '나는 경기도 출신입니다.'라고 하면 '아아, 그렇습니까. 나는 경상도 출신입니다.'라고 자신에게 화제를 돌리지 않도록 한다. 이것은 모처럼 상대가 느긋하게 이야기를 하려고 하는 것에 찬물을 끼없는 격이 된다. 그런 때는 '아아, 그렇습니까. 경기도 어디입니까?'라는 식으로 물으면 대화는 점점 활기를 띠게 되어 상대의 기분도 풀린다.

'그것은 언제 있었던 일입니까?'

'그것은 어디 있는 것입니까?'

'어느 분하고 동행하셨습니까?'

'그 밖에 무엇을 휴대하셨습니까?'

'왜 그렇게 하셨습니까?'

위와 같이 5W 1H의 법칙을 사용하면 이야기의 실마리는 얼마든지 만들 수 있다.

남의 이야기를 잘 들어준다는 것은 바로 이런 것을 말하는 것이다. 당신도 꼭 시도해 보길 바란다.

06_이야기를 잘하면 듣는 것도 잘한다

우리들은 평균적으로 45퍼센트를 다른 사람의 얘기를 듣는 것에 소비하고 있다고 한다. 그런데도 불구하고 듣는 태도가 서투른 사람들이 의외로 많다. 이야기하는 태도도 중요하지만, 듣는 태도 또한 그 이상으로 중요하고 기술이 필요하다.

'이야기를 잘하면 듣는 것도 잘한다.'고 하지만, 남의 이야기를 잘 들어주는 것은 매우 중요한 일이다.

다른 사람의 얘기를 잘 듣는 방법에 대해서 기술해 보면 다음과 같다. 그리고 다음의 스타일과 사용 방법을 숙지하여 활용한다면 당신의 얘기를 듣는 기술은 점점 숙달될 것이다.

◇ 중립형中立形 : 흥미 있는 견해나 생각을 전하거나, 상대방에게 더 이야기를 시킬 경우에 사용한다. 그리고 이것은 상대에게 환멸을 주지 않는 말투이기도 하다. 예를 들면 '그렇습니까.' '그것 재미있군요.' '잘 알았습니다.' 등의 이야기를 하면 좋다.

◇ 추구형追求形 : 여러 가지 정보를 수집하고 싶을 때라든가, 상대가 하는 얘기를 더 자세히 파헤치고 싶을 때에 사용한다. '언제' '어디서' '누가' '무엇을' '왜'라는 질문을 함으로써 추구해 가는 방식이다. 예를 들면 '그때 당신은 어디에 계셨습니까?' '어느 분과 함께 계셨습니까?' '그것은 언제 일입니까?' '무엇을 가지고 가셨습니까?' 등의 질문을 한다.

◇ 반복형反復形 : 상대의 이야기를 잘 듣고 있다든가, 잘 알았다는 의사 표시를 할 때라든가, 이야기를 계속 진행시키고 싶을 때에 사용한다. 내용은 화제의 기본적인 사고방식이나 그 이야기의 일부 등을 파악해서 되풀이한다. '그것은 즉 이런 것입니까?' '그것은 이렇게 됩니까?' '당신의 결론은 이러이러하군요.' 등의 방법을 사용하면 좋다.

◇ 반영형反映形 : 상대가 하는 이야기의 내용을 잘 이해하고 있다는 것을 알게 한다든가, 상대에게 자신의 의견을 다시 수정

해 주고 싶을 때에 사용한다. 되풀이형과 비슷하지만, 감정을 반영하고 있는 점이 다르다. 예를 들면 '당신은 ……라고 생각하는군요.' '당신은 그다지 놀라시지 않았던 모양이군요.' '당신이 말했듯이 그것은 쇼크였다.' 등의 표현을 사용한다.

◇ 요약형要約形 : 상대방의 이야기를 계속 진행시키기 위한 체크포인트이기도 하다. 견해·생각·감정을 정리하여 되풀이하는 대화 방법이다. '그 일에 대해서 당신이 어떻게 생각하고 계시는지, 내가 이해한 바로는…….' '당신의 고견은 이런 것이군요.' 등의 방법으로 대화를 진행시킨다.

07_비 온 뒤에 땅이 굳어진다

신입사원인 당신은 앞으로 고객이나 거래처 등으로부터 어떤 이유로 인해서 불평을 받는 일이 있을지도 모른다. 그것은 당신 자신의 실수에 의한 것만이 아니라 다른 사람의 실수로 인한 경우도 있다. 그러나 어쨌든 그것은 피할 수 없다.

불평은 일반적으로 전화나 구두에 의한 경우가 많다. 그럴 경우 당신은 어떻게 대처해야 하는가. 다음은 그에 대한 요점을 정리해 보았다.

◇ 불평은 인간관계의 찬스라고 이해한다.

'비 온 뒤에 땅이 굳어진다.'는 속담이 있다. 불평을 받았다고 해서 반드시 비관할 것까지는 없다. 처리 방법만 정확하면 상대는 만족해하며 그것을 기회로 보다 깊은 관계가 되는 경우도 적지 않다. 따라서 불평이 있으면 그 사람과의 관계를 돈독히 하는 기회로 알고 성의를 다하도록 한다.

◇ 공격, 변명을 하지 않는다.

불평의 원인은 반드시 당신에게만 있다고는 볼 수 없다. 상대의 오해나 반감에 의한 경우도 있다. 그러나 그런 때라도 결코 상대를 공격, 비난하거나 항의하는 태도를 취하면 안 된다. 상대의 태도가 불량스럽다거나 거만하면 당신은 기분이 나쁠 것이다. 거만스럽게 말을 하면 그렇기 때문에 그만 '그런 것도 모릅니까, 웃기는군요.' '보통 사람은 흔히 그렇게 말합니다.'라고 말하고 싶어진다. 그러나 그렇게 말하면 끝장이다. 꾹 참고 오로지 상대가 이야기하는 것을 들어야 한다.

불평을 듣게 되면 바로 변명하고 싶어 하는 사람이 많은데, 이것도 생각해 봐야 할 점이다. '변명할 여지가 없습니다. 우리 회사가 창피를 당하게 되었습니다만 실은 우리 회사는 규모도 작고, 교육도 철저하지 못했기 때문에……'라고 하소연 하는 소리를 해도 상대가 알 리는 없다. 변명을 하는 게 좋다고 생각되는 일이라도 당장은 말하지 않는다. 상대가 냉정한 기분이 되었을 때를 봐서 변명해야 한다. 그러면 상대도 당신의 기분을 이해해 줄 것이다.

◇ 불평은 마지막까지 잘 듣는다.

욕구 불만은 상대방의 이야기를 철저하게 들어줌으로써 해소할 수 있다고 한다. 불평 처리도 이와 마찬가지이다. 상대의 불평은 바꾸어 말하면 욕구 불만이다. 그것을 전부 분출시킬 수 있다면 불평은 당연히 해소된다. 그 원리를 무시하고 '좀 기다려주십시오…….' '그것은 말이지요.'라고 하면서 상대의 이야기를 가로막는 태도는 좋지 않다. 그리고 상대가 '상당히 늦었군요.'라고 추궁하는 식으로 말하면 곧 '아니오. 꽤 서둘러서 온 것입니다만…….'라고 일일이 반박하는 사람도 있다. 이런 태도로는 상대방의 호의를 얻을 수 없다. 상대의 불평은 마지막까지 잘 들어주는 것이 최선의 방법이다.

◇ 기대치보다는 약간 너그럽게 봐준다.

상대방에서 착오가 있거나 부당한 요구를 하는 면이 분명히 있을 경우에는 부분적으로 동의를 얻는 방법도 있다. 불평을 말하는 상대에 대해서 '그런 일을 말씀해 주셔서 감사합니다.' '대단히 폐를 끼쳐 드렸습니다. 정말 변명할 여지가 없습니다. 우리들이라도 이처럼 꾸짖어 주셔서…….'라는 식으로 문제는 냉정하게 분석하고 정당한 부분에 대해서만 조정을 자청하도록 하는 방법이다.

◇ 동의는 되도록 빨리, 그리고 기분 좋게 한다.

상대의 불평을 인내심 있게 듣는 태도는 매우 바람직하다. 그러나 그것만으로는 문제가 해결되지 않는다. 중요한 것은 가능한 한 빨리, 더구나 기분 좋게 동의를 하는 것이다.

동의를 하기 위해서는 양보해야 할 때에 깨끗하게 양보하는 태도가 바람직하다. 언제까지나 머뭇머뭇하며 때를 놓친다면 상대의 노여움에 기름을 붓는 격이 되어 문제 해결이 어려워진다.

◇ 불평으로부터 도망가지 않는다.

사람은 누구나 싫은 일, 자신이 없는 일로부터는 가능한 한 피하고 싶어 한다. 그러나 불평을 처리하기 위해서는 절대로 피해서는 안 된다. 불평 처리는 직장인으로서 빠뜨릴 수 없는 책임의 하나이다. 불평을 잘 처리하면 전화위복이 된다.

◇ 잠재 불평의 우려를 파악한다.

상대가 문서, 구두 등으로 전해 준 불평은 현재 불평이다. 그러나 당신에게 전해지지 않은 불평, 잠재 불평도 있다. 불만을 느낀 사람이 무엇이든 일일이 불평을 얘기해 준다고는 볼 수 없다. 오히려 말하지 않는 쪽이 많다. 불만을 얘기하지 않고 잠자코 있는 사람을 그냥 내버려둔다면 당신에 대해서 비협조적이 되거나 결국 떠나가 버릴 수도 있다.

잠재하고 있는 불만, 불평이야말로 진정 두려워해야 한다. 당신은 이런 점에 대해서도 깊이 배려하길 바란다.

08_대화 능력의 자기 평가표

◇ 시원스럽지 못한 말을 하고 있다.
◇ 적절한 화제를 사용하고 있다.
◇ 조리에 맞고 요령 있게 이야기하고 있다.

◇ 쓸데없는 이야기는 하지 않는다.

◇ 발음이 분명하다.

◇ 적절한 속도와 목소리로 이야기하고 있다.

◇ 쓸데없이 감탄사를 사용하지 않는다.

◇ 알기 쉬운 말을 사용하고 있다.

◇ 바르고 적절한 말을 사용하고 있다.

◇ 접속사를 많이 사용하지 않는다.

◇ 요점을 간략하게 이야기하고 있다.

◇ 진실하고 구체적인 이야기를 하고 있다.

◇ 이야기의 목적이 분명하다.

◇ 상대의 입장을 생각하며 이야기한다.

◇ 최선을 다해서 이야기를 하고 있다.

◇ 자기 자랑을 하지 않는다.

◇ 이야기를 혼자서 다하지 않는다.

◇ 타인을 중상, 모략하는 이야기를 하지 않는다.

◇ 경어를 바르게 사용하고 있다.

◇ 때와 장소를 생각해서 이야기하고 있다.

◇ 이야기의 핵심을 잘 파악하고 있다.

◇ 불평, 불만의 처리 방법이 능숙하다.

chapter 6

상황별 비즈니스 말솜씨의
응용 사례

01_전화 말솜씨(능숙하게 거는 법)

직장인들이 스피치 하는 기회로 가장 많이 경험하는 경우가 전화라고 볼 수 있다. 전화를 거는 법과 받는 법은 비즈니스 회화의 기본인 동시에 가장 어려운 문제라고 할 수 있다. 거기엔 다음의 세 가지 이유가 있다.

첫째는, 한정된 시간 내에 중요한 용건을 전달해야만 한다.

둘째는, 갑자기(일방적으로) 대화가 시작된다.

셋째는, 상대방의 표정이나 상태를 알 수 없다.

직접 만나서 하는 대화라면 설령 중요한 상담 자리라도 적당한 인사말이 필요하다. '요즈음 어떻습니까? / 어느새 쌀쌀한 바람이 부는군요?'라고 하는 인사말, 그리고 경우에 따라서는 잠시 동안 침묵을 지킴으로써 여운을 남기는 경우도 있다.

그러나 전화는 이것을 허용하지 않는다. 예를 들어 통화 도중에 단 5초간이라도 침묵이 있었다면 어쩐지 부자연스러운 분위기가 되어버릴 것이다. 보통의 경우라면 예고 없이 불쑥 다가와 '야! 이거 오랜만인데, 건강한가?'라는 식의 잡담도 할 수 있지만, 전화는 필요한 용건이 있기 때문에 사용하는 미디어이다. 즉 언제나 심각한 승부의 대화만이 필요하다.

더구나 이 심각한 승부는 '따르릉 따르릉…'이라고 울리는 갑작스럽고 예기치 못한 벨소리와 함께 일방적으로 시작된다. 받는 사람은 마음의 준비가 전혀 되어 있지 않으며 거는 쪽도 상대방의 상태를 알 수 없는 분위기 속에서 대화가 진행되는 것이다.

예로, 상황별 대화 기술에 있어서 제일 먼저, 가장 다양하고 어려운 전화 대응법에 대해서 살펴본다.

"B 씨 있습니까?"

"죄송합니다만 지금 막 외출했는데요."

"어떻게 할까…… (잠시 생각한 후) 그러면 좀 전해 주면 좋겠는데, 내일 모임 약속이 사정상 연기되어서…… 언제로 하면 좋을까. 에~ 그리고……."

무례하기 짝이 없는 전화 매너라는 것은 말할 필요도 없다. 세 가지 상황에 대해 정리해 본다.

① 우선 이름을 밝힌다 : 전화를 건다고 하는 것은 「목소리만을 가

지고 상대방을 방문」하는 것이다. 방문하면 우선 자신의 신분과 이름을 밝혀야 한다는 당연한 상식을 지키지 않는 사람이 의외로 많다. 이러한 예는 특히 지위가 높거나 유명인사(자기 자신만 그렇게 생각함)와 같이 '내 이름과 목소리는 당연히 알고 있겠지.' 라고 자만하는 사람들에게서 많이 볼 수 있다.

② 전화를 걸기 전에 이야기해야 할 핵심 내용과 부재인 경우에 대응하여 정리를 해둔다 : 전화를 걸어도 영업사원과 같이 바쁜 사람들은 자리에 없는 경우가 많다. 이러한 경우를 대비해서 준비해 두지 않으면 쓸데없는 시간을 소비하게 된다.

③ 상대방의 입장을 고려한다 : 상대방과 연결되어 용건을 말할 때에는 그 나름대로 상대방에 대한 사의나 배려가 필요하다. 더구나 아침 시간은 보지 않아도 누구나 매우 바쁜 시간이다. 최소한 다음의 사례 정도로는 걸어야 한다.

"안녕하십니까? ○○ 회사의 △△입니다만 A 씨 자리에 계십니까?"

"죄송합니다만 방금 외출하셨습니다."

"아! 그렇습니까? 그러면 죄송합니다만 메모 좀 남겨주시겠습니까?"

(상대방이 "네." 라고 대답하면)

"급한 사정으로 인해서 내일 모임 약속을 연기했으며 좋겠는데 모레 오후가 어떠신지…… 돌아오시는 시간에 맞춰서 다시 한 번 전화드리겠다고 전해 주십시오."

직접 상대방이 전화를 받는 경우에도 몇 가지 배려가 필요하다. 잡담류의 말을 피해야 하는 것은 물론이다. 예를 들어 상대방에게 오랜만에 갑자기 전화를 거는 경우에는 '정말 오랜만입니다. 그동안 별고 없으셨습니까? 갑자기 전화를 해서 죄송한데 급한 용건이 있어서…… 한 2~3분 시간을 내실 수 있겠습니까?' 등의 말을 덧붙이는 배려를 하는 것이 당연하다. 「전화는 예기치 못한 침입자」라는 것을 결코 잊어서는 안 된다.

02_전화 말솜씨(능숙하게 받는 법)

 전화 받는 법에 대해서는 많은 책에서 다양하게 소개하고 있다. 이것을 요약하면 다음과 같다. 우선 나쁜 예를 살펴보자.

(벨이 울린다. 한참 있다 A가 수화기를 집어든다.)

B : 여보세요. ○○ 회사의 △△입니다만 K 씨 계십니까?

A : 안 계신데요.

B : 그렇습니까…… 그러면 또.

A : (난폭하게 수화기를 놓는다.)

'이렇게 무례할 수가!' 라고 생각되겠지만 직장에서 의외로 많이 보이는 장면이다. 여기에는 분명히 많은 잘못이 있다. 그렇다면 예의를 갖춰 바르게 받는 예를 보자.

(벨이 울리면 곧바로 A가 수화기를 든다.)

A : 네, ㅁㅁ 회사입니다.

B : ○○사의 △△입니다만 K 씨 계십니까?

A : 죄송합니다만 지금 자리에 안 계신데요.

B : 그렇습니까?

A : 30분 정도 후면 돌아올 것 같은데 이쪽에서 전화를 드릴까요?

B : 아니오. 제가 외출 중이므로 이쪽에서 다시 걸겠습니다.

A : 죄송합니다. 괜찮으시면 메모를 남겨드릴까요?

B : 내일 모임 약속 시간을 모레로 바꾸고 싶은데 어떤가 하는 내
  용입니다. 1시간 후에 다시 걸겠습니다. 부탁드립니다.

A : 수고를 끼쳐서 죄송합니다. K 씨에게는 반드시 전해 드리겠
  습니다.

B : 그럼 부탁드립니다.

A : (B가 수화기를 놓는 소리를 확인하고 나서 살짝 수화기를 내
  려놓는다.)

두 번째의 대화는 상대방에 대한 예절과 배려가 담겨져 있다. 즉,
전화는 「목소리만 가진 손님을 회사에 맞을 경우에 대한 대응」이
다. 앞의 예를 정리해 보자.

  ① 서로 이름을 밝힌다.

  ② 서로 정중한 말과 자세로 대응해야 한다.

  ③ 상대방의 입장에 서서 부재자가 언제 돌아오는지를 알려주며,
    메모를 받아주는 등의 배려를 한다.

④ 비즈니스 효율화에 대한 배려를 한다.(용건을 들어둠으로써 부재자가 돌아와서 즉시 그 건에 대해 대응할 수 있다) 한 시간 후에 다시 전화를 건다는 것을 알고 있으므로 자리에서 기다릴 수 있다.

접객 시의 당연한 매너가 전화에서도 요구된다.

전화를 걸어온 상대방보다 먼저 수화기를 놓는 것이 지극히 실례가 된다는 것은 방문해 온 손님이 아직 자리에서 일어나기도 전에 응접실에서 나가 버리는 것과 같은 것이다.

이러한 모든 응답을 자연스럽게 하기 위해서 아무리 전화 대응에 관한 사례집을 읽어도 소용이 없다. 용어를 기억해 두는 것보다는 「정신을 집중하는 것」, 테크닉보다는 「마음」을 컨트롤 할 수 있는 것이 중요하다.

상대방의 입장을 존중한다고 하는 점에서는 부재중에 흔히들 'ㅇㅇ 씨는 지금 회의 중입니다.' 라고 하는 틀에 박힌 말도 신경이 쓰인다. 외출이나 거래처 방문은 어쩔 수 없지만 회의란 회사 사정이므로 손님과는 관계없는 일이다. '당신보다는 사내 회의가 중요하다.'고 말하는 것과 같다. 결코 기분 좋은 일이 아니다. 그보다는 '지금 자리에 안 계신데요.' 라는 식의 표현을 사용하는 것이 좋다.

잊어버리기 쉽지만 자신의 이름을 밝히는 것도 중요하다. 상대방이 확인 전화를 거는 경우에도 이름을 알고 있다면 서로를 확인하는데 들어가는 수고나 트러블이 일어나지 않기 때문이다. 전화는 진정 서로에 대한 배려의 압축이다.

03_회의 말솜씨

　　직장 비즈니스 활동에서 대화의 중요성이 가장 인정되는 것은 「회의」일 것이다. 더구나 대부분의 회의는 중요 사항을 결정하지 않으면 안 되는 중요한 상황인 동시에 진행 방법에 따라서는 바쁜 업무 시간을 낭비하기 쉬운 폐물이 될 수도 있다.

　따라서 회의에서 말솜씨의 능숙함과 능숙하지 못함은 그대로 업무 효율에 영향을 미친다. 회의를 구성하는 2가지 요소인 ① 사회자(회장)와 ② 출석 멤버 각각에 해당하는 「말솜씨」 포인트를 정리해 보도록 한다.

(1) 사회자의 말솜씨 포인트

회의장에서 사회자가 갖는 역할은 다음의 세 가지이다.

① 주어진 시간 내에 효율적으로 의정을 진행한다.
② 전원이 빠짐없이 발언하도록 배려한다.
③ 토론을 잘 이끌어 전원이 납득할 수 있는 결론에 도달한다.

　효율적으로 회의를 진행시키기 위해서는 사회자의 다음과 같은 선창 한 마디가 결정적 수단이 된다.

◇ 오늘 회의 목적은 2가지입니다. ○○ 캠페인의 캐치프레이즈 결정과 앞에서 나왔던 판촉 전략에 대한 검토와 결정입니다.

⇒ 회의의 목적을 명확히 한다.

◇ 따라서 오늘은 모든 실무자 부서인 상품기획, 선전, 광고, 영업부의 각 매니저가 모였습니다.

⇒ 참가자의 내역과 소집한 이유를 확인한다.

◇ 시간은 오후 3시까지, 2시간입니다. 한정된 시간이므로 적극적인 발언을 부탁드립니다.

⇒ 완료 예정 시각을 명시하고 전원의 결집을 촉구한다.

◇ 우선 영업부장부터 한 말씀 부탁드립니다.

⇒ 회의를 개시한다.

　참석자 전원으로부터 빠짐없이 발언을 구하는 것도 절대적으로 필요하다. 앞서 설명한 바와 같이 참가자의 스피킹 경쟁을 공평하게 중재하는 것이 사회자의 역할이다. 회의에서는 흔히 ① 목소리가 큰 사람 ② 토론을 좋아하는 사람 ③ 자신을 나타내고 싶은 욕구가 강한 사람 ④ 상급자 등에게 발언의 기회가 편중되는 경우가 있다. 이러한 느낌을 받았으면 사회자는 침묵하고 있는 참석자들에게도 발언의 기회를 주도록 노력해야 한다.

예를 들면 다음과 같은 질문이 효과적이다.

'이 건에 대한 ○○ 씨의 의견은 어떻습니까?'

'이 계획에 대한 영업부의 생각은 어떻습니까?'

'홍보실에서는 아직까지 의견이 없었는데, 지금까지 문제는 없습니까?'

'△△ 씨의 제안에 대해 전원의 의견을 듣고 싶습니다.'

이러한 질문을 시기적절하게 사용하는 것도 사회자 능력이다.

회의가 끝나고 결론이 나온 후, '이 결정은 좀 이상한데……' 라는 불협화음은 비발언자로부터 나오는 것이 일반적이다. 아무리 훌륭한 결론도 전원이 회의에 참가해서 얻은 결과가 아니라면 의미가 없다고 해도 과언이 아니다. 또한 의견이 한쪽으로 치우치는 경우에도 사회자가 나서야 한다.

'다른 의견은 없습니까? / 확실히 ○○ 씨의 생각은 지금과는 반대이군요.' 라는 식으로 반대되는 제안을 다시 한 번 적극적으로 이끌어 내려는 노력이 필요하다.

이렇다 할 의견이 없이 일방적인 결론에 도달한 회의는 발언이 적었던 반대파의 불만이 되는 동시에, 그 결정에는 반드시 어딘가 맹점이 잠재해 있을 위험성이 있다는 사실을 잊어서는 안 된다.

(2) 참가자의 말솜씨

회의에 초대되었다는 것은 그 사람의 견해나 의견이 필요하기 때문이다. 이때는 지위 고하를 불문하고 적극적인 발언을 해야 한다.

이 경우 다음 사항에 주의한다.

① 발언은 매우 간략하게 요점만 이야기한다.(가능하면 1회 발언은
   1분 이내로)
② 지금까지의 대화 흐름에서 벗어난 이야기를 하지 않도록 주의
   한다.(대화는 캐치볼. 앞의 의견을 바탕으로 하여 보충 · 수정 · 반
   대 의견을 제시하는 것이 원칙이다)

그러나 이러한 원칙에서 벗어나는 경우가 비즈니스 대화의 장에
서 많이 나타나는 것이 사실이다. 특히 ①에 대해서는 의견이라기
보다는 발언의 광장을 이용해서 자신의 지식을 피력하려는 사람도
적지 않다. 귀중한 시간을 낭비하고 주제에서 벗어난 이야기를 하
는 등의 어리석은 짓은 절대 하지 않는다.

회의의 사회자는 스포츠 경기의 심판과 같이 절대적인 권력을 가
지고 있어야 한다. '간략하게 부탁드립니다. / 더 듣고 싶지만 시간
이 한정되어 있습니다. 본론으로 돌아와 주십시오.'라고 하는 옐로
우 카드를 주저 없이 제시해야 한다.

04_상담 말솜씨

영업활동 등에서 흔히 볼 수 있는데 「상담」을 종종 「판매」와 동의어로 사용하는 사람들이 있다. 한편으로는 같은 의미라고 생각될지도 모르지만 말솜씨의 관점에서 보면 위험천만한 일이라고 할 수 있다.

판매는 '힘으로 상대방을 제압한다.'고 하는 뉘앙스를 가지고 있다. 이러한 인식을 가지고 상담에 임한다면 대화는 저절로 다음과 같이 되어버릴 것이다.

'저희 회사의 사운을 건 상담입니다. 꼭 구매해 주십시오.'

'저, 부탁 좀 하겠습니다. 저희와는 오랜 고객이 아니십니까?'

'매출을 올리지 못하면 지점장에게 문책을 당하기 때문에……'

두말할 나위 없이 상담이란 거래, 즉 가치의 교환이다. 자사의 상품을 제공함으로써 거래처에 이익을 안겨 주고 그 대가로 매출을 올린다는 Give and Take의 비즈니스이다.

회사의 사운이 걸렸다거나, 오랜 고객이거나, 담당자가 지점장으로부터 문책을 당하는 것은 상대방과는 아무런 관계도 없는 일이다. '부탁드립니다.'로 가능해질 수는 없다.

「상담」의 기본은 첫째도, 둘째도 자사의 제품이나 서비스가 거래처에 「어떠한 이익을 초래하는가」에 대한 설명이며, 상대방의 이해와 납득을 얻기 위해서는 대화를 통하지 않으면 안 된다. 절대로 잊어서는 안 될 포인트 4가지에 대해 기술해 본다.

① 거래와 상담 자리를 허락해 주는 데 대한 끊임없는 감사 표시를 나타낸다.

② 상대방에게 돌아갈 이익을 확실하게 제시한다.

③ 밀면 당기고 당기면 민다.

④ 제시한 자사의 상품과 서비스에 대한 확실한 자신감을 잊지 않는다.

만나준 사람에 대한 감사의 표시는 상식적으로는 알고 있지만 일상의 대화나 행동에서는 곧 잊어버리기 쉽다. 더구나 상담의 자리를 만드는 것은 바쁜 상대방의 시간을 1시간 정도 할애 받는 편의를 제공받는 것이다. 따라서 상담에 들어가기 전이나 도중, 아니면 마지막에라도 이에 대한 감사의 말을 확실하게 나타내야 한다.

'바쁘신 중에도 시간을 내주셔서 정말 감사합니다.'

'언제나 신세를 지게 되어 정말 죄송합니다.'

'귀중한 시간을 내주셨습니다. 앞으로 잘 부탁드립니다.'

감사의 마음을 가지고 있다면 이러한 말은 매우 자연스럽게 나올 것이다.

상대방에게 자사 상품이 가진 효용 가치를 제시하는 것은 오늘날 상담의 기본이다. 이를 위해서는 상대방이 평상시 무엇을 원하고 있으며 무엇 때문에 고민하고 있는가를 확실하게 파악해 둘 필요가 있다. 그리고 자사의 상품과 서비스가 어느 부분을 지원, 서포트 할 수 있는지에 대해 자신감을 가지고 성의 있게 설명하여 상대방을 이해시키려는 자세가 중요하다. 소위 말하는 「카운슬러 세일즈」 사상이다. '부탁드립니다.'나 인간관계만의 구태의연한 상술로는 그들을 만족시킬 수 없다.

그렇다고 해서 이쪽의 입장만을 주장해서는 안 된다. 아무리 상대방의 논리가 옳다고 생각되어도 일방적인 공격을 당하면 인간은 자연스럽게 방어 태세를 갖추게 된다.

① 이야기 도중에 '어떻습니까? / 불만이 있는 점이 없습니까?'라는 식으로 상대방의 반응을 확인하고 반론을 이끌어 낸다.

② 이야기가 가열되면 일단 냉각시키는 의미에서 '그런데 이야기를 좀 바꾸겠습니다. / 그것은 일단 덮어두고 일전의 골프장 일인데요.'라는 식으로 여담을 하여 한숨 돌리는 방법도 잊어서는 안 된다.

능숙한 상담을 위한 포인트는 한마디로 말하자면 '이야기를 들어 도움이 되었다. / 만나서 즐거웠다.'는 기분을 상대방에게 전해 주는 것이다.

05_프레젠테이션 말솜씨

 프레젠테이션이라고 하는 말은 「새로운 창조 안」을 제안한다는 뜻으로, 광고업계에서 흔히 사용되고 있다. 그러나 본래는 더욱더 넓은 의미로, 신제품에 대한 「거래처 설명회」와 사내 회의에서의 「기획 발표」 등의 뜻도 포함된다.

그 빈도가 그다지 많지는 않지만 비즈니스맨에게 있어서는 중요한 업무 중의 하나이다. 다음의 3가지를 충족시켜야 훌륭한 프레젠테이션이라고 할 수 있다.

① 단시간 내에 포인트가 되는 내용을 강조하며 설명한다.
② 어떻게 청중을 이해시킬 것인가에 대해 열정을 가지고 노력한다.
③ 청중에게 공감을 불러일으키는 설득력 있는 화법을 구사한다.

내용과 함께 기술력이 큰 영향을 미친다. 특히 청중의 귀와 눈이 발달한 오늘날에는 더욱 그러하다. 이를 위해서는 다음의 2가지 포인트가 중요하다.

① 시각적 테크닉(영상, 참고 자료, 참고 물품, 제시 등)
② 알기 쉽고 공감을 얻을 수 있는 설명(시간, 말솜씨, 이야기의 구성, 전개)

②번에 대해서 생각해 보자. 말솜씨의 유의점은 앞에서 설명했던 기본·응용 테크닉을 첨가하여 다음의 3가지가 포인트이다.

① 여분의 사건 설명은 불필요하며 단도직입적으로 본론에 들어간다.
② 가능한 한 문장을 짧게 이야기한다.
③ 이야기의 각 절節마다 청중의 반응을 확인한다.

①에 해당하는 예로는 다음과 같은 것이 있다. 사회자로부터 소개를 받고 설명에 들어간 상황이다.

'바쁘신 중에도 귀하신 시간을 내주셔서 감사합니다. 지금 소개받은 ○○입니다. 이런 자리에 익숙하지 못하기 때문에 설명을 잘할 수 있을지 불안하지만 열심히 해보겠습니다. 아무튼 끝까지 들어주십시오. 자, 그럼 오늘 이 자리에서 설명드릴 저희 회사의 신제품 ○○은 반드시 귀사의 도움이 되는 제품으로…….'

너무나 진부한 내용이다. 일반적으로 하나의 주제에 대한 프레젠테이션 시간은 10~20분 정도가 고작이다. 이렇게 귀중한 시간 중에서 1분이나 쓸데없는 인사에 할애하고 있는 것이다. 서론에 들어가는 방법도 너무나 형식적이다. 자기소개는 사회자가 해주므로 다시 할 필요가 없다.

이야기를 잘할 수 있을까 불안해하는 사람은 연단에 서지 않는 것이 좋다. 중요한 상담이므로 열심히 하는 것도 당연하다. 끝까지 들어줄 것인지 아니면 도중에 퇴장할 것인가는 내용의 재미에 달려 있다. 귀사의 도움이 되지 않는 상품이라면 설명을 들을 필요도 없다. 시작은 다음 정도로 충분하다.

'귀중한 시간을 내주셔서 감사합니다. 성급하긴 합니다만 저희 회사의 신제품에 대한 소개를 시작하겠습니다. 우선 이 상품의 특징은…….'

「문장은 짧게 한다.」에 대해서는 영업 말솜씨의 기본 테크닉에서도 언급했지만, 다시 한 번 프레젠테이션을 예로 들어 설명하겠다.

'본 제품의 특징은 종래에는 없었던 저렴한 가격과 편리함 등 여러 가지 기능을 구비하고 있으며 세련된 디자인으로 획기적인 상품입니다. 꼭 지원해 주시길 부탁드립니다.'

이런 식으로 이야기한다면 이야기가 끝났을 때 제품이 가진 특징이 몇 가지나 되는지, 어떠한 장점을 가지고 있는지 머릿속에서 지워져버리고 말 것이다. 짧은 문장으로 이렇게 말하는 것이 좋다.

'본 제품에는 3가지 특징이 있습니다. 첫째 종래와는 비교가 안되는 낮은 가격, 둘째로는 편리한 여러 가지 특징을 갖추고 있다는 점, 셋째로는 세련된 디자인입니다. 정말 획기적인 신제품입니다. 꼭 지원해 주시길 부탁드립니다.'

이상의 스피치도 억양 없이 책을 읽는 듯 줄줄 이야기한다면 청중의 머릿속은 혼란해지고 상품에 대한 인상도 엷어질 것이다. 예를 들어 이야기의 절에 해당하는 곳(사례의 경우 / 부분)에서는 일단 이야기를 중단하고 반응을 살피는 것이 중요하다.

06_지시 · 명령 말솜씨(하는 법)

 기업 비즈니스 세계에서는 직장 내에서의 부서 간, 거래처 간의 지시 · 명령 등도 빈번히 발생하고 있다. 지시와 명령을 「하는 측」「받는 측」 쌍방의 입장에서 유의해야 할 사항에 대해 알아보자. 다음은 팀장이 부하 직원에게 초조해하면서 지시를 하는 예이다.

'○○ 씨, 아주 급한 일입니다. 지난달 판매 실적을 모두 정리해 줘야겠군. 부탁해요.'

'부탁해요.'라고 말해도 부하 직원은 어떻게 해야 좋을지 모를 것이다. '아주 급한 일입니다.'라고 하는 것은 도대체 언제까지를 말하는 것인가? '모두'란 누구와 누구를 가리키는 것인지? '판매 실적'도 전체적인 것을 요구하는 것인지 아니면 제품별, 지역별, 거래처별로 상세한 부분까지 필요로 하는 것인지 알 수 없다. '정리' 방법도 메모 정도로 좋은지 아니면 보고서 형식으로 작성을 해야 하는 것인지…….

이 자료는 도대체 「누가」「무엇을 위해서 사용할 것인가」에 대한 것이 아주 불명확하다. 이렇게만 말하고 팀장은 '그럼, 나는 잠시 나갔다 올게.'라고 성급하게 자리를 뜨고 만다.

지시 · 명령의 포인트는 '가능한 한 구체적'으로 해야 한다. 즉,

① 언제까지(WHEN)······업무 기한

② 누가(WHO)……담당자

③ 무엇을(WHAT)……업무의 주제

④ 어떠한 형태로(HOW)……서류의 형식 등

⑤ 누구를 위해서(WHOM)……서류를 부탁한 대상자

⑥ 왜(WHY)……사용 목적

등 5W 1H를 확실하게 전달하는 것이 중요하다. 앞의 사례는 이렇게 해야 한다.

'○ ○ 씨, 글피까지 우리 팀에서 가지고 있는 모든 데이터를 모아서 지난달 판매 실적을 정리해 주어야겠어. 데이터는 지역별·제품별로 분석할 것. 이것은 주말에 열리는 지점장 회의에 제출해서 취약 지역에 대한 중점 대책을 협의하기 위한 자료로 사용할 걸세. 프레젠테이션으로 이용할 거니까 2장 정도로 보기 쉽게 정리해 주기 바라네. 부탁해.'

한 가지 더 범하기 쉬운 추상적 지시는 지시자만 알고 있는 지시, 즉 받는 사람은 알지 못하는 명령을 하는 경우이다.

다음 사례는 거래처에 보내는 세미나 개최 인사장을 작성했던 상황이다.

'그 문장은 지난번과 똑같이 하게. 항상 맡기는 인쇄소에서 잘 알고 있으니까 자세한 것은 그쪽에 문의하게.'(×)

지시한 사람은 모든 것을 알고 있어도 이것만으로는 너무나 뜬구름 같은 이야기이다. 상대방이 다시 물어보면 정확히 알겠지만 이것은 시간과 수고의 낭비이다. 혹은 질문할 기회를 놓쳐 직장의 다른 동료에게 물어보는 노력을 해야 할지도 모른다. 바쁜 직장 생활에서는 상당한 손실이다.

'문자 형식은 지난달 총무부에 제출했던 △△모임 안내 인사장과 같이 하면 되네. 인쇄는 ○○사가 담당하고 있으니까 어떤 재질과 봉투를 사용하는가는 그곳에 물어보게.'(○)
라고 한다면 아무리 갓 입사한 신입사원이라도 곧바로 업무에 임할 수 있다.

자신은 알고 있어도 상대방은 모른다고 생각하는 예는 머리가 지나치게 좋은 팀장에게서 흔히 보인다. 혹시 주변에 이러한 경우는 없는가?

'자료는 보기 쉽고 훌륭한 레이아웃을 만들어줘요.'(×)

이렇게 말한 본인의 머릿속에는 나름대로의 디자인이 구성되어 있을 것이다. 그러나 지시받은 부하는 그와는 전혀 다른 이미지를 가지고 있을지도 모른다.

이러한 상황에서 완성된 자료를 보고 '이런 게 아니야. 좀 더 보기 쉽게 만들 수 없겠나?'라고 클레임이나 수정을 요구하는 지시가 나오게 마련이다.

'예를 들면 항목에는 이것과 이것을 넣고, 레이아웃은 A4 용지를 가로로 해서 겉으로 접는 식으로 하면 되고, 내용은 조목조목 쓰면 되니까……."(○)
라고 하는 자세한 지시가 필요하다. 때에 따라서는 눈앞에서, 간단한 이미지라도 빼놓아서는 안 될 키워드를 써서 건네주는 방법도 좋다. 얼핏 보아 수고스러울 것 같지만 결과적으로 시간과 노력을 절약하게 되어 작업의 효율화로 연결될 것이다.

07_지시 · 명령 말솜씨(받는 법)

「지시 · 명령을 받는」 입장의 경우에도 같은 점을 지적할 수 있다.

① 구체적으로 자신이 납득할 수 있을 때까지 묻는다.(지시에 5W 1H 중 어느 하나가 결여된 경우에는 역으로 질문한다)
② 이견이 있을 때에는 그 자리에서 확실히 이야기한다.

②의 경우는 상대방이 자신보다 상급자이거나 거래처의 경우라면 어렵겠지만 매우 중요한 사항이다. 예를 들어 '내일까지.'라고 지시한 서류가 아무래도 불가능할 것 같다는 사실을 알면서도 직장인이 가진 고민으로 '네.'라고 말한 뒤 물러난 후 나중에 '이거 곤란한데.'라고 머리를 젓는 경우가 많다.

그러나 이렇게 해서 「상사의 입장에서는 가능할 것이라고 생각하는」 서류가 작성되지 못해 결과적으로 트러블의 원인이 되며 문제가 생긴다. 따라서 지시 · 명령을 받을 때는 충분히 이야기하여 서로의 입장을 이해하는 노력이 필요하다.

"열심히 노력해 보겠지만 내일까지는 무리입니다."

"어째서?"

"전산실장에 의하면 자료에 들어가는 데이터 분석이 아무리 빨라도 내일 하루는 꼬박 걸린다고 합니다. 모레 정도로는 안 되겠습니까?"

"알았어요. 그러나 곤란한데 어떻게 하지……."

이렇게 되어 지시자도 함께 대책을 생각해 보게 된다. '자료만 내일 보고하기로 하고, 전산실장에게 빨리 분석을 해달라고 부탁 전화를 하는 게 좋겠네. 회의 일정을 연기해야겠네.' 라는 액션으로 연결될 것이다. 업무에는 언제나 트러블과 문제가 따르게 마련이다. 이러한 상황을 모면하거나 스스로 문제를 만들기 전에 확실하게 자신의 의견을 제시하는 용기가 필요하다.

지시나 명령을 받을 경우 이것이 '상사나 거래처로부터의 의뢰이기 때문에 거절해서는 안 된다.' 는 생각으로 모든 것을 예스로 통과시켜서는 안 된다. 때에 따라서는 자신의 건설적인 의견을 첨가할 필요도 있다.

예를 들어 '영업지점장을 모아 사내 회의를 소집하시오.' 라는 지시가 있을 경우 '그 회의에 상품개발부장도 참석시키는 게 어떨까요? 다음달 신제품에 대한 상세한 설명을 개발책임자가 들어두는 것이 거래처 상담에 도움이 된다고 생각합니다만…….' 이라는 제안을 첨가하는 것이 중요하다. 지시자는 대부분 대략적 내용만을 전한다. 이것은 어디까지나 「골격」에 지나지 않는다. 여기에 어울리는 장식이나 부품을 덧붙이는 것은 지시를 받는 사람의 역할이다.

지시 · 명령은 단순히 「받기 위해서」만 있는 것이 아니다.

회사에서 가장 필요 없는 사람 중의 하나가 막연히 지시를 기다리고만 있는 사람들이다. 상사나 거래처로부터 어떠한 지시나 명령이 없는 한 새로운 업무에 착수하지 않는 존재들이다.

상사의 입장에 있는 지시자들은 업무에 관한 대략적인 방향만을 파악하고 있을 뿐, 이와 관련해서 언제 어떠한 작업이 구체적으로 필요한가에 대해서는 그다지 의식하지 않는다. 그 분야는 지시를 받는 입장(부하)의 업무이다.

다음과 같은 「역 지시」도 때에 따라서는 필요하다.

'부장님, 앞서 말씀하신 신제품 개발이 조금 늦어지는 것 같은 기미가 보입니다. 한번 관계부서의 담당자를 모아 진행 상황에 대한 확인 회의를 하는 게 좋겠다고 생각됩니다.'

'경비 절감의 일환으로 복사할 때 종이의 뒷면도 사용하도록 총무과장명으로 전 사에 알리면 어떨까요?'

흔히들 말하는 「유능한 부하는 상사를 잘 활용한다」고 하는 사례에 해당하는 경우이다.

스포츠 세계에서도 감독과 지시를 받는 선수의 관계는 반드시 일방통행은 아니다. 예를 들어 캐처(지시자)가 보낸 사인에 대해 피처(피지시자)가 「노(NO)」사인을 보내는 경우도 많이 있다. 사인이 맞지 않으면 두 사람이 서로 납득될 때까지 협의하는 경우도 있다. 왜냐하면 '어떻게 하면 팀을 승리로 이끌까?'에 대해 각자의 입장에서 심각하게 생각하기 때문이다.

성공의 열쇠를 잡는 것은 상호 간의 팀워크와 신뢰 관계, 그리고 의욕적인 자세가 보일 때이다.

08_보고 · 연락의 말솜씨

 직장 비즈니스 세계에서 빼놓을 수 없는 중요한 업무로서 보고 · 연락이 있다. 직장에서의 업무가 팀워크로 운영되는 이상 성실한 보고와 연락은 필수불가결한 요소이다. 이 경우에 잊어서는 안 될 중요한 사항이 두 가지 있다.

① 타이밍을 고려한다 : 상대방의 사정이나 상황을 고려하여 보고한다.
② 요령 있고 짧게 요점만 보고한다 : 우선 결론을 먼저 이야기한다.

거래처와의 상담이나 출장 · 외출 등에서 얻은 결과를 한시라도 빨리 상사나 관계자에게 전달하고 싶은 것은 당연하다. 또한 문제 발생에 관한 보고에서는 자신의 기분을 주체할 수 없어 상대방의 입장이나 상황을 잊어버리는 경우도 있다.

분주해 보일 때, 급한 업무에 몰두해 있을 때, 외출이나 회의 시간에 쫓겨 초조해하고 있을 때에 그다지 급하지도 않은 내용을 보고한다면 상사는 아주 귀찮아할 것이다. 보고를 할 경우에는 다음과 같은 말 한 마디를 첨가하는 것이 좋다.

'지금 막 ○○ 회사로부터 돌아왔습니다. 이에 대한 보고를 하고 싶은데, 지금 어떠십니까?'

'△△ 회사와의 계약 건에 대한 경과 보고를 하고 싶은데, 충분한 시간을 내실 수 있겠습니까?'

즉, 다음의 두 가지 포인트만을 처음에 전달하고 상대방의 반응을 기다리는 것이 좋다.

① 보고 · 연락하고 싶은 주제
② 지금 보고해도 좋은가에 대한 확인

보고 시 최초의 한 마디는 TV 뉴스로 말한다면 보도 스태프진의 TV에 투사 · 삽입하는 사진에 해당한다. 이것을 보고 상대방은 ㉠ 지금 곧바로 들어야 할 내용인가를 판단하고 ㉡ 보고를 들을 마음의 준비를 한다.

②의 보고 타이밍에 대한 확인도 필수불가결한 요소이다. 긴급을 요하는 내용이라면 '알았다.'는 대답이 돌아올 것이고, 조금 마음을 진정시키고 듣고 싶을 때에는 '지금 준비하고 있으니까, 10분 후에 어떤가? / 지금 하고 있는 일이 끝나면 부를 테니 조금 기다려 주게.'라는 대응이 가능하다.

또한 상대방이 바쁜 것 같아도 한두 마디로 끝날 내용이라면 일부러 나중에 기회를 봐서 보고하는 것도 번거로운 일이다. 이러한 경우에는 '시간을 많이 빼앗지 않겠습니다. 빨리 알려드려야겠다고 생각돼서…….'라는 취지를 말하고 간략하게 보고를 끝마친다.

결론을 먼저 말하는 것도 보고 말솜씨의 기본이다. 예를 들어 갑자기 이런 보고를 받으면 어떨까?

'○○ 회사에 가서 △△ 계약 건에 대해 상담하고 왔는데 납기에 대해 상대방에서는 라인을 증가시켜서 단축해 주겠다고 해서 일보 진전되었으나, 가격 문제는 원자재 가격의 상승으로 그 이상은 무리라는 의견으로 아직 ㅁㅁ원 만큼의 차이가 있으며 다음 주에 다시 상담하기로 했습니다.'

이러한 이야기를 들은 상대방은 머릿속에 정리가 되지 않을 것이다. TV나 신문의 처음 시작과 같이 우선 「결론」에 이어 「이유」를 말하고 마지막에 「앞으로의 대책」에 대해 말하는 것이 바람직한 순서이다.

'○○ 회사에 가서 △△ 계약 건으로 상담하고 왔습니다. 납기와 가격 결정에 대해 상담했는데 납기는 예정대로 되었지만 가격은 평행선입니다.(결론) 납기 단축은 라인을 증설하는 것으로 절충했으나 단가는 원자재 가격 상승이 있었기 때문에 가격에는 아직 ㅁㅁ원 만큼의 차이가 있습니다.(이유) 다음 주에 다시 만나서 상담하기로 했습니다.(금후 대책)'

보고·연락에 대해서 한 가지 당부하고 싶은 것이 있다. 지나치게 이것에 의지하면 자기 스스로 생각하고 판단하는 능력이 저하될 위험이 있다. 이것저것 가리지 않고 매일 보고하는 것이 아니라 보고해야 할 내용인가, 보고해야 할 가치가 있는가를 정확하게 판단하는 능력을 기르는 것이 중요하다.

09_충고의 말솜씨

비즈니스 세계에서는 한 사람의 생각만으로는 해결할 수 없는 여러 가지 문제들이 있다. 그 내용 또한 작업을 진행하는 과정에서 '벽에 부딪혔다, 큰 실수를 했다, 업무 성과가 오르지 않는다, 작업 환경이 맞지 않는다, 출세에 대한 불안, 이직을 해야 할까, 어떻게 해야 할까?' 등 어두운 문제들이 많이 발생한다. 특히 건강상의 문제, 가정, 연애…… 등의 개인적 문제까지 가지각색이다.

여기서는 이러한 상담을 받았을 경우에 대한 충고의 말솜씨에 초점을 맞추어 생각해 본다. 충고자로서 가져야 할 마음가짐에는 크게 다음의 5가지가 있다.

① 자신에 대한 신뢰감을 배반하지 않는다.
② 침착하고 안정된 상태에서 이야기할 수 있는 분위기를 만들어 준다.
③ 상대방의 이야기를 적극적으로 들어준다.
④ 자신이 가지고 있는 객관적 정보를 아낌없이 제공해 준다.
⑤ 긍정적인 충고를 하도록 노력한다.

제3자에게 고민을 이야기한다고 하는 것은 대단한 용기를 필요로 한다. 수많은 직장 동료나 친구·친지 중에서 자신이 지명되었다고 하는 것은 상대방이 자신에게 절대적인 신뢰를 갖고 있기 때문이다. 만사를 제쳐두고 받아주는 것이 예의이다.

대화의 성패는 환경에 의해서 크게 좌우된다. 시끄럽고 어두운 장소는 적합하지 않다.

②의 장소 설정도 조언의 일부이다. TV 드라마에서 종종 볼 수 있듯이 비어 있는 회의실이나 안정된 분위기의 술집 등이 적당할 것이다.

어려운 것은 ③이다. 충고자는 대개의 경우 상담자보다 경험이나 지식이 많은 존재이다. 따라서 자신도 모르게 이야기 도중 '그건 자네가 착각한 거야. / 분명히 자네가 실패한 게 아닌가?'라고 하는 코멘트를 하고 싶어지게 마련이다. 그러나 어디까지나 참아야만 한다.

상담자가 원하는 것은 해결책인 동시에 대부분은 '누군가가 자신의 이야기를 들어주면 좋겠다.'고 하는 기분이다. 이야기해 버리면 왠지 마음속이 시원해질 것 같아서라는 이유도 많이 있다.

상대방의 이야기를 다 듣고 나서 이쪽의 견해나 조언을 할 경우에도 생각 없이 상대방의 의견이나 입장을 부정하는 말은 삼가야 한다. 또한 자신의 결론을 말하기 전에 객관적인 정보나 사실에 대해 이야기해 주는 것이 중요하다. 예를 들어 시말서를 쓰게 되어 고민하고 있는 동료에게는 다음과 같은 한 마디가 희망과 용기를 줄지도 모른다.

'○○ 전무를 알고 있지. 언젠가 들은 이야기인데, 그분도 젊었을 때는 시말서를 5번이나 썼다고 하는군. 일을 하지 않는 직원은 실패도 하지 않기 때문에 시말서를 쓸 필요가 없지. 그러니 너무 끙

끙대고 걱정하지 말게.'

상담은 고민과 같은 심각한 경우 이 외에도 일상의 업무를 진행하는 과정에서 빈번히 발생한다. 'ㅇㅇ건은 어떻게 진행하면 좋을까? / △△ 회사와의 상담은 어디서부터 이야기를 시작하면 좋지? / ㅁㅁ 업무를 추진하는데 알아두어야 할 거래처 책임자에 대한 정보를 얻고 싶은데…….' 아무리 바쁜 업무 중이라도 상담 의뢰를 받는 한은 의뢰자의 신뢰에 실망감을 주지 않도록 성의껏 대응해야 한다.

개중에는 자기 혼자만의 힘으로는 해결할 수 없는 경우도 있다. 이럴 때에도 단지 '모른다.'는 대답으로 끝낼 게 아니라 '나는 모르겠지만 ㅇㅇ 씨에게 물어보면 어떨까?'라는 식으로 자신이 할 수 있는 범위 내에서 힌트를 준다.

경우에 따라서는 '내가 대신 연락해 줄까? / 자네도 힘들겠지만 그래도 열심히 해보게나.'라는 한 마디를 덧붙이는 배려도 상담자에게는 큰 힘이 된다.

직장이라고 하는 효율 중심의 시스템 사회에서도, 그것을 움직이는 것은 바로 인간이다. 연장자나 상사에게 경어를 사용하는 것이 당연한 일인 것처럼 인간 그 자체에 대한 존경이나 경의를 항상 잊지 않는 것이 밝고 명랑한 직장 분위기를 만드는 원동력이다.

10_클레임 대응의 말솜씨

기업 비즈니스 세계에서 언어 선정 방법이나 말솜씨의 중요함을 절실하게 느끼는 경우는 바로 클레임이 발생했을 때일지도 모른다.

전화·면담을 불문하고 이때에 발생하는 말 한 마디가 사태를 해결로 이끌 수도 있고 반대로 불에 기름 붓는 결과를 초래할 수도 있다.

따라서 클레임에 대응하는 5가지 포인트는 다음과 같다.

① 어떠한 경우라도 고객 입장을 인정하고 겸손한 저자세로 대응한다.
② 고객의 의견을 충분히 들어준다.
③ 자사의 입장에 대한 설명과 주장도 확실히 전한다.
④ 만사를 제쳐두고 신속하게 대응한다.
⑤ 사후 처리를 확실하게 해준다.

대부분의 「클레임」은 제공자 측의 실수로 인해서 발생하지만 경우에 따라서는 고객의 착각에서 비롯되기도 한다.

그렇다고 해서 '우리 쪽 잘못이 아니지 않습니까?' 라는 식의 대응은 절대 삼가야 한다. 설령 고객의 착각이라고 해도 고객이 자사의 상품이나 서비스에 대해 불만을 느낀 것은 사실이다. 이쪽의 설명이나 반론을 제시하기 전에 우선 고객의 입장을 이해하는 것이 중요하다. 처음에 '정말 죄송합니다.'라고 하는 한 마디를 절대 잊어서는 안 된다.

만약 해명이나 사정 설명을 하려면 그 전에,

'폐를 끼쳐서 정말 죄송합니다. 그 건에 대해서는…….'

'정말 화가 많이 나셨겠습니다. 그러나 당사로서도…….'

라는 한 마디를 덧붙이는 것이 중요하다.

또한 고객의 이야기 중에 상대방의 말을 제치고 '그렇게 말씀하시지만……. / 그것은 착각입니다.' 등의 부정어를 삽입하는 것은 피해야 한다. 우선은 상대방의 이야기를 완전히 듣고 난 후에 적절한 처리나 대응책을 제시해야 한다.

전화·면담을 불문하고 클레임이 발생할 경우, 고객은 흥분하고 화가 나기 때문에 결국 말하는 투도 거칠어진다. 그렇다고 해서 이쪽도 거기에 동조해서는 안 된다.

① 어디까지나 진지하게 듣는다.(건방진 태도를 취하지 않는다.)

② 침착하고 안정된 어조로 대답한다.(고객의 기분을 완화시킨다.)

③ 또박또박하고 확실한 목소리로 대답한다.(설명 등은 확실하게 한다.)

이상의 세 가지 사항을 고려해야 한다.

클레임 처리에서 한 가지 더 중요한 사항은 신속한 대응이다. 화재가 일어났을 때 처음 불을 잡는 것이 중요한 것과 같이 클레임도 마찬가지이다. 예를 들어 전화를 받았다면 즉시 대답을 해주는 등의 신속한 처리 태도를 잊어서는 안 된다. 곤란한 것은 당시 상황을 알고 있는 담당자가 부재중인 경우인데, 이때 용건도 듣지 않고,

'죄송합니다. 담당자가 외출중입니다. 돌아오는 대로 연락드리겠습니다.'(×)

라는 대답만으로 그친다면 고객은 만족하지 못한다. 자신이 대리인이라고 알린 뒤 취지를 물은 후에,

'소재지에 전화를 해서 용건을 전한 뒤 곧바로 연락드리도록 하겠습니다.'(○)

'지금은 연락이 안 되지만 3시간 후에는 돌아옵니다. 죄송합니다만…….'(○)

이라고 구체적인 처리 시간 등을 전해 주는 것이 핵심 포인트이다.

사후 처리도 역시 잊어서는 안 된다. '기계가 고장 났다.' 는 클레임으로 공장에 수리를 의뢰했다면 완료되었다고 생각된 직후에 전화나 방문을 하여 '수리는 잘 되었습니까? 수리 후 별다른 문제는 없었습니까?' 라는 배려도 중요하다.

중요한 것은 클레임을 거는 쪽은 자사의 상품과 서비스를 사용하고 있는 거래처라는 점이다. 더구나 그 기업에 대해 다른 사람보다 더 많은 관심을 가지고 있는 입장이라는 점을 잊어서는 안 된다.

11_칭찬과 꾸중의 말솜씨

'칭찬은 모든 사람 앞에서, 꾸중은 한 사람 앞에서만!'

우리가 흔히 사용하는 이 말에는 정말로 진리가 담겨 있다.

직장 샐러리맨 사회에서 사용되는 말솜씨 중에서 가장 어려운 것이 실은 이것일지도 모른다. 예를 들어 부하 직원이 큰 거래를 성사시킨 경우, 영업회의나 아침 회의석상에서,

'K 씨, 정말 잘했어요. 끈기와 성실한 인품이 상대방을 움직였다고 생각합니다. 여러분도 모두 본받아 더욱 열심히 하길 바랍니다.'

이렇게 칭찬해 줌으로써 ① K 씨의 프라이드는 충분히 충족될 것이며 ② 나머지 멤버들도 '나도 성공하면 저렇게 칭찬받을 수 있겠지.'라는 생각으로 더욱 분발하게 되고 ③ 성공의 이유를 코멘트함으로써 멤버 전원의 실적 향상을 기대할 수 있다는 이점이 생기게 된다.

「꾸중」의 경우는 반대이다. 모든 사람 앞에서 창피를 당하거나 실패에 대한 책임 추궁을 당한다면 K 씨는 자신감을 상실할지도 모른다. 나머지 멤버들에게도 '나도 실패하면 저렇게 되겠구나.'라는 의욕 저하를 불러일으킬 위험이 있다. 물론 실패의 체험에 대해 멤버가 공유할 수 있는 유의 사항으로 지적해 두는 것도 중요하다. 이 경우에는 다음과 같은 단계가 필요하다.

① 조금 시간을 가진 뒤 부서회의 등의 공식석상에서 상사가 설명한다.

② 어디까지나 멤버 모두에게 도움이 되도록 이야기하며 서두에 이야기한다.

③ 본인에게는 사전에 이야기를 해서 양해를 구하고 당일에는 본인의 반성도 평가한다.

'지난 달 ○○ 건으로 거래처에 큰 폐를 끼쳤습니다. 원인은 상대방의 의뢰 사항을 K 씨가 잊어버렸기 때문입니다. 협의 내용을 확실히 수첩에 적어 놓지 않았던 것이 원인이었습니다. 물론 K 씨도 깊게 반성하고 그 후로는 확실하게 메모하는 습관을 가지게 되었습니다. 두 번 다시 똑같은 실수를 범하지 맙시다.'

이렇게 해서 K 씨의 실패는 멤버 모두에게 교훈이 될 것이다.

칭찬과 꾸중 방법은 사람에 따라 여러 가지 차이가 있다. 특히 상대의 스타일에 따라서 효과적인 방법은 각각 달라진다.

예를 들어 천진난만한 성격의 사람과 성실한 사람은 꾸중 방법이 달라야 한다. 왕년에 유명한 프로야구 선수였던 K 씨와 L 씨의 이야기를 예로 들어보자.

K 팀의 감독은 팀 분위기가 해이해지거나 사기가 저하될 때에는 고의적으로 K 선수를 야단쳤다고 한다. 그러면 팀의 나머지 선수들은 'K 선수가 저 정도로 심하게 야단을 맞는데 우리도 열심히 하지 않으면…….' 하고 마음을 다졌다고 한다. 그러나 당사자인 K 선수는 천성이 낙천적이고 또한 팀에서 차지한 자신의 역할을 잘

알고 있었기 때문에 그다지 심각하게 고민하지 않았다고 한다.

한편 성실한 L 선수는 여러 사람 앞에서 야단을 맞으면 의기소침해진다. 그래서 감독은 L 선수의 경우에는 그 선수 하나만을 불러놓고 야단쳤다고 한다.

칭찬을 하는 경우는 간단하지만 꾸중을 하는 경우는 상대방에 따라 그에 상응하는 대응이 필요하다. 또한 '죄는 미워하되 사람은 미워하지 말라.'는 말이 있다. 업무상 어떠한 실수를 범해서 야단을 치지만 그것은 어디까지나 조직의 계획이나 회사의 업적을 신장시킨다고 하는 업무를 잘 수행하기 위한 목적에 지나지 않는다. 따라서 그 사람의 존재까지도 부정하는 태도는 삼가야 한다.

계약에서 실수를 범했다고 하는 것은 회사의 입장에서는 매우 중요한 일이다. 그러나 그렇다고 해서 담당자 삶의 방식 전체를 부정하는 것은 잘못이다. 분명하지 못하고 조금 멍청해 보인다고 하는 것은 업무를 수행하는 데 있어서는 마이너스가 될지 모르지만 인간적으로 본다면 편하고 좋은 사람으로 해석할 수도 있으므로 이러한 관점을 결코 잊어서는 안 된다.

업무상 실수를 범한 경우에는 업무 시간 내에 확실하게 야단친다. 그러나 업무가 끝난 후에는 깨끗하게 잊어버리는 아량도 중요하다. 부하가 아직도 의기소침해 있다면 식사나 술자리를 같이 하면서 격려해 주는 것이 필요하다.

'나도 젊었을 때는 그와 비슷한 실수를 했지. 예를 들어……' 라고 하는 한 마디는 어린 후배에게 큰 힘이 될 것이다.

실패는 인간적 성장을 위한 하나의 큰 계기이다. 따뜻한 마음으로 지도해 주어야 한다.

12_인터뷰 말솜씨

「인터뷰」라고 하면 '그건 언론사나 취재 기자들만의 세계에 관한 이야기가 아닌가?' 라고 생각할지도 모른다. 그러나 기업 비즈니스 사회에서 인터뷰는 역시 빼놓을 수 없는 분야이다. 예를 들어 회사에서 흔히 겪게 되는 다음과 같은 장면이 모두 인터뷰이다.

선배사원으로부터 과거에 일어난 사건이나 경험담에 대해 묻고 알아내며, 사무직 사원이 공장 기술자로부터 전문지식을 배우고 거래처로부터 최근 업계의 동향에 관해 듣는 것 등등 말이다.

기업 비즈니스맨에게 있어서 틀에 박힌 일상적 업무와는 달리 인터뷰 활동은 아주 중요한 의미를 갖는다.

① 일상적인 업무를 통해서는 얻을 수 없는 지식을 쌓을 수 있는 절호의 기회이다.
② 다른 영역에 대한 이해와 시야를 넓힐 수 있는 둘도 없는 찬스이다.
③ 이렇게 얻은 정보는 업무에 도움이 되는 경우가 많다.

필자도 이러한 경험이 있다. 평상시 잘 알고 지내던 광고대행회사에서 신년인사를 할 때의 일이다. 참석자 중에는 그다지 안면이 없었던 국제부 B 전무도 있었다. 형식적인 인사를 한 뒤, 업계지 등을 통해서 A사의 활약을 알고 있었던 나는 그 자리에서 B 씨에게 '귀사의 업적 신장에는 해외 진출이 많은 기여를 하고 있지요?'라고 물었다.

'덕분에……'라고 말한 뒤 B 전무는 중국을 중심으로 한 아시아의 발전 상황과 새로운 비즈니스의 성장 과정 등 여러 가지 이야기를 해주었다. 이렇게 해서 자세히 알지 못했던 아시아의 성장에 대한 몇 가지 지식과 최신 정보를 얻게 되었다.

만약 필자가 지극히 형식적인 인사만 했다면 결코 들을 수 없는 이야기였을 것이다. 귀중한 체험이었다.

기업 비즈니스맨의 주위에는 이와 같이 무수히 많은 지식과 정보가 묻혀 있다. 이것을 발견하고, 놓치는 것은 전적으로 각자의 노력과 센스에 달려 있다.

이러한 보물을 발견하기 위해 필요한 유능한 인터뷰어의 마음가짐에 대해 몇 가지 기술해 본다.

① 자신이 알지 못하는 분야에 관계된 사람과 만나면 무엇인가를 물어보려는 의욕
② 지적 호기심에 넘치는 적극적이고 과감한 자세
③ 질문에 대비해 최소한의 예비지식 축적

가장 중요한 것이 ③이다. 필자 자신도 이때 아시아에 대한 흥미나 한국 기업의 해외 진출에 대한 기초 지식이 없었다면 그러한 질문은 하지 못했을 것이다.

필자는 글을 쓰는 관계로 해서 언론사나 잡지사, 기업체의 연수팀 등으로부터 인터뷰를 받는 기회가 종종 있다. 이러한 경우 유능한 인터뷰어인가 아닌가는 만나서 1분만 지나면 판단할 수 있다.

프로 인터뷰어가 가지는 공통된 특색은 「사전 준비」와 「문제의식」, 「호기심」의 3가지 요소를 갖추었다는 점이다. 그들은 최소한 필자에 대한 경력이나 주요 저서의 제목과 내용에 대한 사전 조사를 한 후에 질문에 들어간다. 그 이전에 소개된 몇 개의 기사에 관한 스크랩을 가지고 오는 사람도 있다.

이러한 사람과 이야기할 경우에는 약력이나 요청받은 주제의 개요 등에 대해서 이야기하는 데 소요되는 시간을 생략할 수 있으므로 정해진 시간 내에 보다 밀도 있고 알찬 대화를 나눌 수 있게 된다.

지적 호기심이 넘치는 사람과의 대화는 새로운 가치를 창출하는 기회이다. 언젠가 한 잡지사에서 신제품 개발에 대한 인터뷰 요청을 받았다. 이야기 도중에 문득 '신제품 개발에는 기존의 개념을 뛰어넘는 참신한 발상이 필요하다.'라는 이야기를 했더니 기자는 이렇게 반문했다.

'혹시 고향이 ○○ 아니십니까? / 왜 그러시죠? / 예를 들면 지방박람회에서 최초로 성과를 올렸던 △△박람회나 ㅁㅁ에서 초인기 상품이 되었던 ☆☆ 등 서울에서는 성공하지 못했던……' 여기에서 이야기는 어느 사이에 '○○ 문화의 선진성'과 '소프트화 경제'라고 하는 화제로까지 발전하였다. 기자는 그러한 주제에 대해 상당한 정보를 가지고 있었기 때문에 이야기가 끝난 후에는 필자 자신도 많은 정보를 얻게 되었다. 인터뷰는 자신의 지식이나 세계를 넓힐 수 있는 절호의 기회이나, 이를 위해서는 인터뷰어 자신도 나름대로 공부를 하지 않으면 상대방에게 실례가 된다는 것은 두말할 나위도 없다.

대화의 기본은 상호 간의 정보 교환이다. 인터뷰는 이것을 최대한으로 활용할 수 있는 절호의 찬스이다. 기회가 있다면 적극적으로 시험해 보는 것이 중요하다.

13_1분 스피치 말솜씨

짧은 시간 내에 하는 스피치는 가장 어려운 말솜씨의 하나이다. 더구나 비즈니스 세계에서는 이러한 상황과 접하게 되는 경우가 적지 않은데, 자신만의 독특한 이미지로 호감을 얻을 수 있는 기회이기도 하다.

예를 들면 초면인 사람과의 인사나 새로운 직장으로 옮겼을 경우 자기소개를 해야 하는 것은 당연하다. 이러한 경우 많은 사람들은 다음과 같이 이야기하고 있다.

'1분은 너무 짧아서 아무것도 이야기할 수 없습니다.'

그러나 1분이란 결코 짧은 시간이 아니다. 앞서 언급한 바와 같이 인간이 다른 사람의 이야기를 집중해서 들을 수 있는 한도는 겨우 몇 십 초이다. 이에 비하면 1분이란 상당히 긴 시간이다. 1분 스피치의 포인트는 다음과 같다.

① 가장 중요한 것만을 이야기한다.
② 짧은 언어로 구성하고 콤팩트하게 이야기한다.
③ 인상에 남을 만한 키워드를 반드시 집어넣는다.

예를 들어 다음과 같은 자기소개의 예를 생각해 보자.

"저는 ○○ 기업 경영기획실에서 근무하는 A라고 하며 회사에서는 중기경영계획정책을 담당하고 주업무는 기획 수립과 경영 분석으로 매우 바쁜 나날을 보내고 있습니다. 올해로 33세가 되었으며 전에는 총무부에 근무했고 현재의 업무를 맡은 지는 3년이 되었습니다. 고향은 ○○로 △△대학을 졸업하고 지금은 ㅁㅁ시에 살고 있으며 가족으로는 아내와 2명의 자녀가 있고 취미는 음악 감상과 대학 시절부터 해온 스키입니다. 한번 생각에 빠지면 정신없이 몰두하는 성격으로 대수롭지 않은 일로 심각한 고민에 빠지는 단점이 있습니다만 잘 부탁드립니다."

이것이 약 1분에 해당하는 스피치이다. 그러나 이 내용을 읽고 난 지금 여러분의 인상에 남는 것은 무엇인가?

이 내용은 「A 씨의 이력서」로는 충분하다. 그러나 초면이고 귀로만 듣는 상대방에게 여기서 이야기하고 있는 너무나 많은 내용은 한번에 이해되지 못한다. 일반적으로 추상적인 말은 쉽게 잊혀져버리고 만다. 이러한 경우에는 다음과 같은 말솜씨를 사용하는 것이 바람직하다.

① 이야기의 포인트는 중요한 내용(하나나 둘)으로 정리한다.
② 비유나 인상에 남는 키워드를 넣어 이야기한다.
③ 유머 있게 이야기한다.

어쨌든 ㉠ 우선은 회사와 부서를 인식시키고 ㉡ 취미만을 인상에 남게 하겠다는 의도라면 이런 식으로 이야기하면 어떨까?

'○○ 기업 경영기획실에 근무하는 A라고 합니다. 회사에서는 중기경영계획정책을 담당하고 있습니다. 사내에서는 흔히 「경기실」이라고 부르고 있습니다. 3년 전 부서를 배치받았을 때는 '과자를 연구하는 부서인가'라고 생각했습니다만 사실은 그렇게 〔달콤한〕부서가 아닌 데이터 정리와 자료 작성으로 바쁜 나날을 보내고 있습니다. 고향은 ○○입니다. 따뜻한 남쪽 지방에서 자란 덕분인지 이상하리만큼 눈에 대한 애착이 강하며 그래서 △△대학에서는 스키부에 들어 활동했습니다. 지금도 ㅁㅁ시에 있는 집에 돌아오면 아내는 자주 '나하고 2명의 아이들과 스키, 어느 쪽이 더 좋아요?'라고 묻습니다. 그러면 심각하게 마치 햄릿과 같이 고민에 빠지는 인간입니다. 아무쪼록 잘 부탁드립니다.'

읽어보면 알겠지만 앞의 예에서 이야기했던 모든 내용이 다 들어 있으면서도 느낌에 있어서는 상당한 차이가 있다.

'과자를 연구하는 부서인가'와 같이 말을 바꿈으로써 무미건조한 부서명도 쉽게 상대방의 기억에 남을 수 있지 않을까? '고향이 따뜻한 남쪽이라서 스키를 좋아한다.'고 하는 언밸런스를 강조함으로써 프로필도 인상에 남는다. 성격도 단순히 '쉽게 몰두한다.' '쉽게 고민한다.'고 하는 것보다는 구체적인 예를 들고 유머러스하게 이야기한다면 보다 쉽게 이해될 것이다.

이야기 중에 조금은 과장한 듯한 표현을 사용하는 것도 때에 따라서는 필요하다. 「경기실」을 「과자 연구」를 하는 부서로 생각하거나 취미 정도의 일을 「햄릿과 같이 고민한다.」고 표현하는 비즈니스맨은 아마 없을 것이다. 그러나 이러한 이야기가 허락되는 것은 이러한 상황이 가지는 특권이다. 스피치의 2대 조건이 다음과 같기 때문이다.

① 듣는 사람의 인상에 남도록 이야기한다.
② 마음에 남을 수 있는 포근하고 다정한 이야기를 한다.

「1분 스피치」는 이러한 이유로 다시없는 훈련의 장이라고 할 수 있다.

14_3분 스피치 말솜씨

「3분」이라고 하는 시간은 직장인들에게는 그 나름대로 중요한 의미를 갖는다.

전화를 예로 들어보자.

직장에는 놀랄 만큼 오랜 시간 동안 전화를 하는 사람들이 있다. 그러나 바쁜 업무 중에 이것은 큰 시간 낭비이다. 많은 책이나 세미나에서 「그다지 복잡한 내용이 아니라면 전화는 3분 내에 끝내도록」 지적하는 것은 이러한 이유에서이다.

'고객을 기다리게 해서는 안 된다.'는 것도 당연한 말이다. 일반적으로 고객이 기다리면서 '아직 멀었나? / 늦는군. / 너무 기다리게 하는군.'이라고 느끼기 시작하는 것은 「접수를 마치고 나서 3분이 경과」할 때쯤이라고 한다.

흔히들 '겨우 3분' 또는 '앗! 하는 사이에 지나가 버리는 시간'이라고 생각할지도 모른다. 그러나 업무의 세계에서 3분이란 그 이상으로 아주 긴 시간으로 인식되는 한계의 시간이다. 기업 비즈니스 현장을 떠나서도 「3분 한계설」을 실감하는 경우는 무수히 많다. 컵라면에 물을 붓고 나서 라면이 익는 시간, 지하철을 기다리면서 다음 전차가 오지 않아 초조해지기 시작하는 시간, 이것이 3분이다.

그러나 3분 동안 이야기한다고 하는 것은 결국 짧은 시간이다. 이때의 스피치 포인트는 너무 욕심내지 않고 많은 내용을 나타내려고 하지 않는 것이다. 즉, 듣는 사람을 지치지 않게 하고 너무 많은 내용을 주입하지 않는다는 원칙을 잊지 않는 것이 중요하다.

흔히, 기업에서 3분 스피치가 진행되고 있는 장면의 대표적인 예로는 직장 내에서 하는 상사의 강의나 피로연에서 하는 인사말 등이다. '길고 지겹고 내용 없는 이야기였다.'라는 말을 나중에 듣는 경우도 많은데 그러지 않기 위해서는,

① 이야기를 나열하지 않고 가장 이야기하고 싶은 내용을 만든다.
② 짧은 문장, 목소리와 템포에 강약을 넣는다.
③ 반드시 간략하고 매끄럽게 말한다.
④ 청중을 끌어들인다. 신선한 도입도 효과적이다.

'마치 논술에 대한 강좌 같다.'고 생각하는 사람이 있을지도 모른다. 그러나 바로 그것이다. 3분 동안 이야기한다고 하는 것은 1분에 약 300~400자×3분=900~1,200자, 즉 400자 원고지로 하면 3장 정도의 분량에 해당한다. 이 정도 분량의 정보를 전달할 때에는 나름대로 확실한 구성을 세우지 않으면 안 된다.
다음은 결혼 피로연에서의 축사이다.

저는 신랑과 같은 직장에 근무하고 있습니다. 업무적으로는 신랑의 상사로서 날마다 딱딱한 이야기만 하는 사람이지만 오늘은 결혼 생활의 선배라는 입장에서 한마디 할까 합니다. 회사에서와 같이 딱딱한 이야기가 될지도 모르지만 양해해 주시기 바랍니다. (기)
결혼식이 가까워 오면서 동료나 여직원들로부터 '행복하겠어요. / 달콤한 가정을 만드세요.' 등의 축하 인사를 받았을 것입니다. 그러나 신혼 생

활이란 그렇게 달콤하고 꿈만 같지도 않습니다. (승)

흔히 말하는 '달콤한 생활'이란 고작해야 1개월 정도입니다. 그 후에는 '이런 게 아니었는데……. / 귀가가 늦다. / 월급이 적다.'라는 불평의 연속이며, 부부 싸움도 물론 하게 됩니다. 내가 젊었을 때도 그랬습니다. 아이가 생기면 자녀 교육 때문에 힘이 듭니다. 교육비 문제, 건강에 대한 걱정, 진학 문제에 대한 고민 등 인생이란 힘든 일뿐입니다. 달콤함은 잠시 뿐 괴로운 날의 연속입니다. 이러한 출발을 두 사람은 결정한 것입니다. 그래도 이것은 아주 중요한 것이라고 생각합니다. (전)

지금 여러분 앞에 있는 커피가 그렇지 않습니까? 처음 커피를 마셔본 사람은 대부분 처음에는 '무엇하러 이렇게 쓴 것을 마실까?'라고 생각할 것입니다. 마셔도 마셔도 씁니다. 그러나 커피잔 밑바닥에 설탕이 남아 있어 마지막에는 '달다. / 아아! 맛있다.'라고 생각하게 됩니다. 마음속으로부터 만족하는 것입니다. 이것이 인생 아닐까요. 두 사람이 어떻게든 잔에 있는 커피를 남김없이 모두 마시고 어느 날엔가 '맛있었다.'라고 미소 지을 수 있는 날이 오길 바랍니다. 아무쪼록 행복하길……. (결)

기승전결을 확실하게 지키고 있으며 「의외성」과 전별의 말을 드라마틱하게 삽입한 훌륭한 연설이라고 생각한다.

3분 스피치의 핵심은 청중의 마음을 찡하게 울리는 단 하나의 이야기를 가능한 한 구체적으로 표현하는 것에 있을지도 모른다. 흔히들 가요를 「3분 드라마」라고 표현한다. 3분 스피치도 어떤 의미에서는 자신의 체험이나 경험을 주제로 한 「미니 에세이」인 것이다.

15_강의 · 강연 말솜씨

 기업의 직장인들은 여러 사람 앞에서 이야기할 기회가 의외로 많다. 사내연구회 · 스터디 모임, 때에 따라서는 사외에서 개최되는 세미나 등에서 연설이나 강연을 해야 하는 경우도 있을 것이다. 많은 사람 앞에서 하는 강의나 강연 기법을 몸에 익혀두는 것은 직장인이 갖추어야 할 중요한 소양이다.

이러한 자리가 주어지면 흔히들 다음과 같이 이야기한다.

'5명이나 10명 정도 앞이라면 자신이 있습니다만 그 이상의 사람 앞에서는 아무래도……'

그러나 이렇게 말하는 사람들 중에는 5명 앞에서도 제대로 이야기하지 못하는 사람이 많이 있다. 즉 능숙하게 스피치 하기 위해서는 청중의 인원수가 설령 수십 명, 수백 명이라도 그 방법은 기본적으로 같다. 다른 점이 있다면 인원수에 따라 약간의 테크닉이 달라진다는 것뿐이다.

강의 · 강연 시의 포인트는 인원수의 많고 적음이 아니라 다음의 5가지이다.

① 이야기의 구성을 확실하게 작성해 둔다.
② 틀려도 원고를 그대로 읽지 말아야 한다.
③ 듣기 쉽게 이야기하는 말솜씨 테크닉을 사용한다.
④ 조금 강한 듯하게 억양과 템포에 강약을 준다.

⑤ 똑바로 청중의 얼굴을 바라본다.

①, ②에 대해서는 이야기의 스토리와 여기서 다루는 키워드를 메모하여 준비해 둔다. ③, ④를 실천하기 위해서는 다음의 예를 보자.

최근 한국은 경기 침체가 만연해 있어 만나는 사람마다 '불황'이라는 목소리가 높아만 가고 있지만, 생각해 보면 모든 산업이 불황은 아니며 확실히 성장하고 있는 분야도 많이 있습니다. 백화점을 찾는 고객의 발길은 한산해졌지만 지하철이나 공항에는 많은 여행객이 찾아들고 있으므로 전체적으로 불황이라고는 하지만 산업 간에는 많은 차이가 있습니다.

한번 소리를 내어 읽어보자. 무엇을 말하는지 내용은 이해가 되지만 아무래도 강력한 느낌을 주지 못한다는 것을 알 수 있다. 이렇게 말해 보면 어떨까? 청중에게 주는 인상을 바꿀 수 있을 것이다.

최근 한국 사회에는 경기 침체가 만연해 있습니다. 누구를 만나도 '불황이야! 불황.'이라고 목소리를 높입니다. 이 밖에 다른 인사말이 없을 정도입니다. 그러나 조금만 생각해 보십시오. (잠시 간격을 둔다) 정말로 한국의 모든 산업이 불황일까요? (질문) 탄탄하게 성장하고 있는 산업도 여기저기에서 보이고 있지 않습니까? (질문) 확실히 백화점은 텅 비었습니다. 그러나 지하철이나 공항에 나가 보십시오. 수많은 여행객으로 발 디딜 틈이 없습니다. 전체적으로는 불황이지만 산업 간에는 큰 격차가 있는 (천천히 입을 다물면서) 것입니다.

청중의 얼굴을 보고 이야기하는 것은 상대가 한 사람이든 여러 명이든 중요한 것이다. 그러나 수십 명의 얼굴을 보면서 이야기한

다는 것은 많은 경험이 없으면 어려운 일이다. 청중의 시선에 압도
되어 오히려 떨게 된다.

많은 사람 앞에서 이야기할 때에는 약간의 테크닉이 필요하다.
수십 명의 청중 가운데 4명 정도를 「얼굴을 보는 상대」로 선택하는
것이다.

① 가능하면 정면에서 보아 앞줄, 좌우의 한가운데 부분, 정면의
   뒷부분에 해당하는 좌석으로 정한다.
② 그중에서 자신의 이야기를 진지하게 들어주는 사람(이야기를
   시작하고 나서 한참 있으면 알 수 있다)을 정한다.

이렇게 정해지면 다음엔 그 사람들에게만 이야기를 한다는 생각
으로 해보자.

① 상대방이 소수이기 때문에 떨리지 않는다.
② 청중의 반응을 파악할 수 있으므로 말솜씨에 잘못이 있으면
   수정할 수 있다.
③ 회의장의 네 귀퉁이에 골고루 시선이 가므로 결과적으로는 모
   든 청중을 보게 된다.

그리고 한 가지 더 기억해야 할 원칙은 여러 사람 앞일수록 천천
히 이야기해야 된다는 사실이다. 이것을 잊어버리지 않는다면 유능
한 연설가가 될 것이다.

16_사내에서의 개인적인 대화 말솜씨

 본인이 바라든 바라지 않든 간에 직장은 샐러리맨에게는 제2의 가정이라고 할 수 있다.

하루 24시간 중에서 수면 시간을 제외한 16~17시간, 생각해 보면 이 중 반 이상의 시간을 직장 동료와 함께 보내고 있는 것이다. 근무 시간 외에도 점심시간이나, 퇴근 후의 식사나, 가볍게 한잔 하는 술좌석 등 사적인 이야기를 주고받을 기회는 많이 있다.

충실하고 풍부한 커뮤니케이션을 원한다면 이러한 상황에서 사용하는 대화술도 터득해 두어야 한다. 필자의 여러 가지 경험에 비추어보면 이때에도 주의해야 할 몇 가지 핵심 포인트가 있다.

① 혼자서 이야기를 독점하지 않는다.
② 자기 자랑과 같은 이야기는 삼간다.
③ 업무에 관계된 내용이나 다른 사람을 헐뜯는 이야기 등은 하지 않는다.

직장에서 휴식 시간에 오가는 대화의 한 예이다.

'일요일에 골프장에 갔었는데 말야, 내가 ○○컨트리클럽 회원이잖아. 거기서 경기를 했는데 88로 끝났지. 최근에는 쭉 90대가 계속되어 기분이 좋았는데, 특히 스윙이 훌륭했지. 최근의 상승세는 나 자신도 놀랄 정도야. 역시 새로 구입한 골프세트가 좋긴 좋

아······.'

　이러한 식의 이야기를 계속해서 들어야 하는 경우가 있다. 특히 부하 직원을 앞에 두고 이야기하는 상사에게서 많이 볼 수 있는 광경이다. 위의 ①에 해당하는 실수를 범하고 있는 예로, 들어서 결코 기분 좋은 내용이 아니다.

　'○○컨트리클럽 / 80점대의 스코어 / 스윙이 뛰어났다.'라고 하는 것은 단순한 자기 자랑에 지나지 않는 이야기이다. '최근의 상승세'라는 말 역시 다른 사람으로부터 들어야 할 말이지, 자기 자신이 꺼낼 화제는 아니다.

　모두 청자로부터 '코스는 어디입니까? / 점수는? / 요즘에도 좋습니까? / 호조의 원인이 무엇입니까?'라는 「맞장구」가 있어야만 비로소 상대방에게 이야기해도 좋은 내용이다.

　업무에 관계된 이야기, 다른 사람에 대한 험담 등은 특히 일과가 끝난 후 갖는 회식 자리에서 가장 많이 주고받는 내용 중 하나이다. 같은 업무를 하고 있는 사람끼리 주고받는 커뮤니케이션은 팀워크에 큰 힘을 발휘한다. 그러나 이때의 화제 역시 계속해서 연장이라면 너무나 삭막할 것이다. 이러한 주제는 업무시간 내에 마무리 지어야 할 내용이다.

　업무가 끝난 후 회사를 떠나서 이루어지는 대화가 다음과 같은 요소를 중심으로 형성된다면 아주 활기 넘치는 시간이 될 것이다.

　① 상대방의 생활, 취미, 가정, 인생관 등 업무 중에는 알 수 없었
　　던 일면을 화제로 삼는다.

② 혼자서 이야기하는 것이 아니라 서로 이야기하고 들어준다.

"과장님은 일요일에 주로 무엇을 하십니까?"

"오로지 독서야. 특히 도서관에서 순수문학을 빌려다 읽는 게 취미야.(이런 말을 들었다고 해서 여기서 자기 자랑을 해서는 안 된다) 자네는 회사에서 항상 큰 소리로 인사를 해서 기분이 좋다네.(상대방에게도 칭찬의 말을 해주는 것을 잊지 않는다)"

"아닙니다. 아~ 일요일에 동네에서 소년 축구팀의 코치를 맡고 있어서일 겁니다."

"이렇게 회사에서는 알지 못했던 서로의 숨은 일면을 알게 되니 정말 좋네."

이러한 대화 속에서 서로에 대한 마음이 통하게 되는 것이다. 때에 따라서는 '업무와 관계없는 이런 시간을 갖게 되니 얼마나 즐거운가? / 가족들은 어떻게 생각하고 있지?' 등의 화제로 이야기가 발전될지도 모른다.

대화의 기본은 의사소통과 정보 교환이다. 때로는 이것을 통해서 「새로운 가치의 발견」으로 연결되는 경우도 있다. 만약 업무를 같이 하는 동료 사이에서 이러한 발전적인 대화가 가능하다면 사무실은 더욱더 활기찬 장소가 될 것이다.

17_접대 · 파티에서의 대화 말솜씨

 흔히 직장인들의 모임에는 대개 알코올이 따라다닌다. 직장 동료들과의 자리도 있고 상담이나 접대, 파티라고 하는 거래처 등 회사 밖의 사람들과 보내는 자리도 종종 있다.

술이 들어가 기분이 좋아지는 이러한 자리를 보다 더 즐기기 위해서는 말솜씨가 필요하다. 여기서는 접대와 파티에서 유의할 사항을 정리해 보았다.

「접대」 시 대화의 기본은 앞장에서 설명한 것과 기본적으로는 같다. 다만 접대를 「하는 측(주최자)」과 「받는 측(고객)」에 따라 약간의 차이점이 있다. 주최자가 주의해야 할 사항은 다음의 3가지이다.

① 원칙적으로 듣는 역할, 인터뷰 역할(상대방의 이야기를 유도하는 것이 목적)에 충실한다.
② 대화가 즐겁게 진행되고 폭이 넓어지도록 힘쓰며 명랑함과 유머와 센스를 잊지 않도록 한다.
③ 이야기를 유도하는 계기로 차려진 음식이나 술에 대한 이야기를 하는 것이 효과적이다.

다음은 ③에서 해당하는 예로, 이탈리아 식당에서 일어날 수 있는 경우이다.

'이 집의 특별메뉴는 파스타로서 특히 먹오징어는 언제는 품절입니다. 와인은······.' 이라고 이야기를 꺼내면 상대방도 '저도 이탈리아에 갔었는데······ 먹오징어라고 하면 오키나와 요리에도······.' 라는 이야기로 발전할지도 모른다. 고객의 이탈리아 출장 이야기나 오키나와 관광에 대한 추억, 그리고 와인에 대한 폭넓은 지식 등으로 화제는 크고 넓어져갈 가능성이 있다.

또한 초대받은 사람도 이러한 호의에 빠져 혼자서만 이야기를 해서는 안 된다. 술자리의 목적은 어디까지나 상호 간의 친목 도모이다. 주최자에게도 어느 정도의 호의를 베풀고 이야기를 받아주는 등 그 자리가 보다 즐거워지도록 배려하는 것이 매너이다.

「파티」할 때 대화의 기본은 4가지이다.

① 우연히 마주친 사람과도 가능한 한 인사를 나눈다.
② 아는 사람하고만 이야기하지 않는다.
③ 한 사람과 오랫동안 이야기하지 않는다.
④ 그 사람과 만나게 해주고 싶었던 출석자가 있다면 솔선해서 소개하는 노력을 보인다.

파티에는 두 가지 장점이 있다. ㉠ 평소에 만날 수 없었던 다수의 사람을 한 번에 만날 수 있는 기회이고 ㉡ 새로운 인적 네트워크를 넓힐 수 있는 최고의 현장이다. 이것을 충분히 활용한다면 많은 도움이 될 것이다.

chapter 7

프로들의
전화 비즈니스 말솜씨

01_전화 말솜씨에서 공포증을 갖지 않는다

 신입사원이라면 여성·남성을 불문하고 누구나 한 번은 걸리는 증상으로 '전화 공포증'이 있다. 자신 앞에 놓여 있는 전화가 언제 올릴지 몰라 불안해하고 초조해하는 증상을 말한다.

전화가 울리면 수화기를 들긴 하지만, 그 순간 가슴이 고동치고 얼굴이 홍조가 되어 불안한 정신 상태에 빠진다. 선배나 상사에게 걸려온 전화인데도 당황해서 그 내용을 잘 파악할 수가 없다. 어디, 누구한테서 걸려온 전화인가를 메모해 두지 않아서 실수하는 경우가 있다. 또한 메모를 한다고 했는데도 중요한 부분을 빠뜨리고 못 듣는 수도 있다. 이제까지의 버릇대로 '예, 여보세요.'라고 전화를 받는 경우도 있다.

그런 일이 거듭되다 보면 개중에는 전화 노이로제에 걸려버려 전화기가 악마의 화신처럼 보인다고 말하는 사람도 있다. 신입사원에게 노이로제를 안겨 줄 정도로 전화 응대는 상당히 어려운 것이다.

그러나 아무리 어려워도 그것을 무시할 수는 없다. 왜냐하면 전화를 사용하지 않을 수 없기 때문이다. 그리고 '전화 공포증'은 병이라고 생각지도 않는다. 이것은 어떤 명의라도 고칠 수 없고 아무리 좋은 약이나 주사로도 고칠 수 없다. 결국 자기 스스로 고치는 수밖에 방법이 없다.

그러면 어떤 방법으로 해결하면 될까. 그것은 다른 능력의 경우와 마찬가지이다. 먼저 전화 응대에 대한 지식을 바르게 몸에 익히는 것이고, 다음으로는 그 방법을 아는 것이다.

방법을 알았다면 이제부터는 그 방법을 하나하나 실천에 옮기는 것이다. 무슨 일이든 두려워하고 무시하면 결코 자기 것이 되지 않는다. 전화의 대응도 마찬가지이다.

모르는 것은 선배나 상사에게 끊임없이 물어봐야 한다. 그 사람들은 기꺼이 지도해 줄 것이다. 그리고 귀가하면 응대의 기본적 기술을 매일 연습해야 한다. 정말이지 조금만 노력하면 당신은 몰라볼 정도로 능숙해질 것이다. 그렇게 되면 '전화 공포증' 따위는 거짓말처럼 치유되고 만다. 따라서 하루속히 전화 응대에 익숙해져 전화가 오지 않으면 심심하다는 생각이 들 정도가 되길 바란다.

다음에 계속되는 이야기는 전화 응대의 에티켓이나 주의 사항에 대해서 사례를 들어 설명한 내용이다. 한 항목씩 확실하게 몸에 익혀 나가자.

02_전화의 특성에 주의하자

 업무를 진행하는 데 전화는 빠뜨릴 수 없는 수단이다. 그만큼 전화를 받거나 거는 태도와 기술은 중요하다. 신입사원인 당신은 이러한 점에 대하여 충분한 주의를 기울이기 바란다.

그럼 대화와 비교하여 전화는 어떤 특성이나 차이가 있는지 살펴보기로 한다.

◇ 보조 수단을 사용할 수 없다.

당신이 어느 회사를 방문할 경우, 회사의 안내도가 있다면 상당히 도움이 될 것이다. 대화를 할 때에는 이러한 보조 도구를 사용할 수가 있다. 그런데 전화 응대에서는 그렇게 사용할 수 없다. 표정이나 제스처 등도 일체 통용되지 않는다. 의지할 수 있는 것은 자신의 목소리뿐이다. 전화 응대가 어렵고 또 주의하지 않으면 안 되는 이유는 여기에 있다.

◇ 상대에게 멋대로의 상상을 하게 한다.

당신이 면식이 없는 사람과 전화 응대를 할 때 서로의 인품, 교양, 능력, 몸매를 상상하고 판단하는 단서는 역시 '목소리' 밖에 없다. 그러므로 자기 나름대로 연상을 할 수 있다. 그런데 실제로 그 사람을 만나보면 당신이 상상하고 있던 상대와 상당히 차이가 나는 경우가 많다. 이것은 모두 연상 작용의 장난이다.

거꾸로 생각하면 전화 응대를 할 경우 어두운 목소리, 성급한 목소리, 기탄없이 말하는 목소리 등은 상대에게 마이너스 이미지를 주는 것이다. 이처럼 말투에는 각별히 주의를 기울여야 한다.

◇ 폭력적 성격이 있다.

누군가가 남의 집을 예고도 없이 방문해서 그 집에 들어앉았다면 폭력 사태, 가택침입죄로 걸릴 것이다. 그런데 전화도 그것과 비슷할 수도 있으며, 또한 그러한 사례가 발생하고 있다. 바쁠 때에 갑자기 걸려오는 전화, 잘못 걸린 전화 등은 바로 그러한 경우이다. 쓸데없이 긴 통화 등도 마찬가지이다.

상대의 시간, 입장, 감정 등은 무시하고 자신의 입장만 생각하고 함부로 전화를 거는 것은 실로 시간 도둑, 폭력배라고 할 수 있다. 이러한 점을 감안하더라도 올바른 전화 응대는 대단히 중요하다는 것을 알 수 있다.

03_전화를 걸기 전에 주의할 사항

전화를 걸 때 수화기는 가능한 한 왼손에 드는 것이 능률적이다. 그러면 다이얼을 오른손으로 자연스럽게 돌리거나 누를 수가 있으며, 상대의 이야기나 용건을 메모하는 데도 편하다. 또한 수화기를 놓을 때도 똑바로 놓을 수가 있다. 이와 같이 수화기를 왼손에 들고 전화를 걸거나 받으면 편리한 점이 많이 있다.

상대방에게 주는 목소리의 느낌은 서서 이야기하는 쪽이 좋겠지만, 전화를 걸거나 받을 때마다 일어나는 것도 문제가 있다. 그러므로 앉아서 이야기할 때는 가능한 한 똑바로 앉아서 수화기를 잡도록 한다.

또한 전화를 걸기 전에는 미리 용건 내용을 메모해 둔다. 중요한 점을 빠뜨리지 않도록 메모지에 일일이 써두는 사전 준비는 중요한 마음 자세의 하나이다.

버튼을 누를 때는 주위의 잡음이 없도록 한다. 가까이에 있는 사람도 말소리의 크기에 주의를 해야 한다. 지금은 전화기의 성능이 좋아져서 4미터 이내의 주위 소리는 상대방에게 들린다고 한다. 충분히 주의를 기울여야 한다.

전화기 옆에는 쓸데없는 물건은 두지 않는 것이 좋다. 뜨거운 물, 화병, 잉크병 등을 두면 일을 하는데 방해가 되는 경우가 있다. 이러한 물건을 방해가 되지 않는 곳에 두자. 그리고 선이 꼬여 있으면 그것도 고쳐둔다.

수화기를 들면 '뚜' 하는 연속음이 들린다. 이것은 발신음이라고 하며 다이얼을 돌려도 괜찮다는 신호이다. 이 소리가 나지 않는데 돌리면 애써 걸어도 전화가 연결되지 않는다. 그러나 수화기를 들고 나서 발신음이 떨어질 때까지의 시간은 기껏해야 1초도 채 안 걸리는 0.5초 정도이다. 그러므로 전화를 걸 때에는 반드시 발신음을 듣고 나서 다이얼을 돌려야 한다.

04_전화를 올바르게 받는 방법

 　　다음은 전화를 올바르게 받는 방법에 대해 현장의 예를 들면서 설명한 것이다.

◇ 먼저 당신의 회사명, 부서명을 말한다.

　가. 직통은 외부에서, 내선은 사내의 교환대에서 걸려온다.

　나. 직통일 경우는 '예, ○○회사입니다.'

　다. 내신일 경우는 '예, ○○과입니다.'

　만일 수화기를 늦게 들었을 때는 '오래 기다리셨습니다.' 라고 말하고 나서 위와 같이 말하도록 한다.

◇ 상대가 자신의 이름을 말하고 나서 통화하려는 사람을 지명했을 경우 '잠시 기다리십시오.' 라고 한다.

　그리고 상대가 업무상 관계가 있는 사람일 경우에는 '언제나 신세를 지고 있습니다.' '지난번엔 정말 고마웠습니다.' 라고 인사를 하는 것도 잊지 않도록 한다.

　만일 사무실에 같은 성을 가진 사람이 있을 때에 '김 씨가 두 사람 있습니다만 김영철입니까, 아니면 김영한입니까?' 라고 물어본다.

◇ 상대가 찾는 사람이 자리에 없을 경우 '김 씨는 지금 자리에 계시지 않습니다. 불러드릴 테니 잠시 기다리십시오.' 라고 말하고 가능한 한 빨리 그 사람과 연락을 취한다.

　상대가 찾는 사람이 외출하여 부재중일 때는 '김 씨는 지금

외출중입니다. 만약 괜찮으시다면 다른 사람을 부르겠습니다
만, 어떻겠습니까?' '이 씨는 3시에 돌아올 예정입니다만, 돌
아오면 이쪽에서 전화를 드리도록 할까요?' 라고 묻는다.

만일 그렇게 해달라고 하면 '죄송합니다만 전화번호를 말씀
해 주시지 않겠습니까?' '돌아오면 용건을 전해 드릴 테니까
말씀해 주십시오.' 라고 적절한 조치를 취해 둔다.

그리고 용건이나 기타 필요한 사항은 반드시 기록하고 간단히
복창한다.

05_전화를 올바르게 거는 방법

이번에는 전화를 올바르게 거는 방법에 대해
구체적인 사례를 들어 설명해 보기로 한다.

◇ 전화를 받는 상대방의 목소리가 나오면 '나는 ○○ 회사 총무
부 인사과 △△입니다. 바쁘신데 죄송합니다. ㅁㅁ 씨를 부탁
드립니다.' 라고 먼저 자기가 누군지 알린다.

◇ 상대방이 부재중일 때 '실례합니다만 몇 시 정도에 돌아오십
니까? 아신다면 가르쳐 주십시오.' 라고 한다.

상대의 귀가 시각을 알았으면, '그러면 그때 다시 한 번 걸겠
습니다.' '죄송합니다만, 돌아오시면 전화를 받고 싶은데요.
이쪽은 ○○ 회사 총무부 인사과 △△이라고 합니다. 전화번

호는 269-0203입니다. 잘 부탁드립니다.' 라고 말하고 끊는다.
그리고 메모를 전달하고 싶을 때에는 '죄송합니다만 전해 주
었으면 하는데요. 그러면 용건을 말씀드리겠습니다.' 라고 말
하고 실례가 되지 않게 부탁한다. 그리고 중요한 용건일 경우
는 '실례합니다만, 전화를 받고 계신 분의 성함을 알려 주시
기 않겠습니까?' 라고 사람의 이름을 물어본 다음, '△△ 씨이
시군요. 그러면 잘 부탁드립니다.' 라고 끝맺는다.

◇ 전화를 잘못했을 때
만약 잘못하여 전화를 다른 곳에 걸었을 때는 '정말 대단히
실례했습니다.' 라고 정중하게 사과를 한다. 결코 아무 말 없이
끊어버리는 무례한 태도를 취해서는 안 된다.

06_왜 '여보세요.' 라고 말하는가

필자가 자주 전화를 하는 회사 중에 전화가
오면 '예, 여보세요.' 라고 받는 사람이 있다. 교
환원은 올바르게 전화를 받는데 해당 부서의 사
람은 이와 같은 식으로 받는다. 이것은 유감스러운 일이다.

전화를 건 사람이 먼저 '여보세요. 김 부장입니까?' '실례합니
다만 박 과장인지요?' 라고 물을 경우에는 어떻게 대답할 것인가.
'예, 여보세요.' 라고는 절대로 대답하지 말아야 한다. '예, 김 부장
입니다.' '예, 박 과장입니다.' 라고 대답해야 한다.

왜 전화를 받을 때 '여보세요.'라고 말하는 것일까. 전화가 처음 설치되었을 당시에는 상대의 이야기가 좀처럼 들리지 않았다. 그래서 전화 내용을 확인하는 의미에서 '여보세요.'를 연발했다고 한다. 그러나 지금은 전화기의 성능이 매우 좋아졌다. 목소리의 감도도 우수하다. 이제 '여보세요.'라고 말하는 버릇은 고치도록 한다.

단 전화를 걸었을 때 상대방이 자기를 제대로 밝히지 않을 경우는 어쩔 수 없다. '여보세요, ○○ 씨입니까?'라고 묻지 않으면 안 된다.

그리고 연속적으로 받는 전화에서 주의해야 할 점이 있다. 그것은 처음 전화를 받은 사람에게 당신의 용건을 전했는데 뒤이어 받은 사람이 '오래 기다리셨습니다. 어떤 용건이신지요?'라고 말하는 경우이다. 이것은 상대방에게 대단히 불쾌한 느낌을 준다.

외부로부터 걸려온 전화를 연속적으로 받을 때는 반드시 상대에게 들은 용건이나 내용을 정확히 전달해야 한다. 그리고 나중에 받은 사람은 어떤 용건의 전화였는가를 자세히 듣고 나서 받도록 해야 한다.

07_전화 통화는 되도록 상대보다 나중에 끊는다

기업 비즈니스에서 전화를 거는 사람과 받는 사람 중 어느 쪽이 먼저 끊는 것이 에티켓인가. 이것에 대해서 필자는 '비즈니스 에티켓 강좌'

의 수강생에게 질문을 했는데 놀랍게도 자신감을 가지고 대답하는 사람이 매우 적었다. 대개 절반 정도는 정확하게 모르고 있었다.

그렇다면 회사원의 절반은 전화 예절을 제대로 모르고 있다는 결론이 나온다. 이는 여간 심각한 일이 아닐 수 없다.

개인의 경우라면 실수를 한다고 해도 그 사람 혼자만 비난을 받거나 무시당하면 된다. 그러나 회사의 경우는 그렇지가 않다. 한 사람이라도 실수하는 사람이 있으면 그것은 회사 전체의 명예나 신용에 관계된다. 따라서 한 사람도 빠짐없이 전화를 올바르게 받는 방법, 거는 방법을 익히지 않으면 안 된다.

그렇다면 도대체 어떻게 하는 것이 올바른 방법인가. 결론부터 말하면 건 사람이 먼저 끊는 것이 바른 예절이다. 그 이유는 전화를 건 사람이 용무가 있어서 한 것이기 때문에 받은 사람이 먼저 끊으면 아직 용무가 남아 있을지도 모른다. 그래서 건 사람이 '나의 용무는 이것으로 끝입니다.' 라는 의미로 먼저 끊는 것이다. 그러나 여기에도 문제가 있다. 전화를 받은 사람 중에는 받은 사람이 먼저 끊는 것이라고 생각하고 있는 사람도 상당히 많기 때문이다. 앞의 설명에서도 알 수 있듯이 약 절반 정도가 그렇게 생각하고 있다.

그러면 현실적으로 매우 큰 문제가 발생한다. 그렇게 생각하고 있는 사람에게 전화를 건 사람이 먼저 끊으면 매우 불쾌하게 생각할 수도 있다. '자신이 전화를 걸어 놓고 용무가 끝났다고 먼저 끊어버렸어. 정말 자기 멋대로군.' 이라고 오해하는 경우도 있기 때문이다. 전화를 건 사람은 에티켓을 지켜서 먼저 끊었다고 해도 현실적으로는 상대의 마음을 상하게 한 것이다. 이렇게 되면 형식적인 에티켓에는 어긋나지 않지만 실제로는 에티켓에 어긋난 것이 된다. 상대의 마음을 상하게 하지 않는 것이 에티켓의 정신이기 때문이다.

그러면 어떻게 할 것인가. 이런 경우에 현실적인 어려움이 있다. 필자는 그런 경우를 감안하여 전화를 받거나 걸어도 나중에 끊는다. 그러면 문제는 발생하지 않는다. 먼저 끊으면 수화기를 놓는 소리가 상대방의 귀를 자극하는 경우도 있다. 나중에 끊으면 이러한 문제도 해결할 수 있어서 일석이조이다.

전화를 받은 상대가 에티켓을 알고 그대로 실행하고 있고 또한 전화를 건 사람이 필자와 같은 경우라면, 용무가 끝났는데도 두 사람 다 전화를 들고 있는 상태가 된다. 이런 경우는 문제가 없다. 그런 때는 어떤 느낌으로 알 수 있다. 상대가 이쪽이 먼저 끊기를 기다리고 있는 느낌이 들면 에티켓대로 이쪽이 먼저 끊는다. 물론 그 때는 '고마웠습니다.' '그러면 잘 부탁드립니다.' 라는 인사와 함께 전화를 끊도록 한다.

08_직장인의 전화 말솜씨 테크닉

① 전화를 받았을 때의 에티켓
  ◇ 전화를 받았을 때의 착안 사항
    - 전화벨이 울리면 최대한 신속하게 수화기를 들도록 한다.
    - 다음에는 '예, ○○입니다.' 라고 회사명과 이름(직책)을 대도록 한다.

- 전화벨이 여러 차례 울리고 난 후 전화를 받을 때는 '기다리게 해서 죄송합니다.' 라는 간단한 인사말을 건네도록 한다.
- 반복해서 질문하는 것은 바람직하지 않다. 따라서 용건은 1회에 걸쳐 정확하게 파악하도록 한다.
- 상대방이 대화 도중에 이야기를 가로막을 때, 또는 상대방이 용건을 이야기했는데도 이해가 가지 않을 경우에는 '대화 도중에 죄송합니다만.' '진정으로 죄송합니다만.' 이라고 하고 나서 '실무 담당자를 바꿔드리겠습니다.' 라든가 '잠시 기다려 주십시오.' 라고 전하면서 바꾸도록 한다.
- 전화 교환수가 있는 경우 : 화사의 전화 교환수는 자사의 각 부서에 대한 업무(직무)에 정통해야 한다. 어느 회사를 막론하고 교환수는 신속 정확성이 요구되고 있다.
- 상대방에게 되물을 경우에는 '죄송합니다만 다시 한 번 말씀해 주시지 않겠습니까?' 라고 정중하게 되묻도록 한다. 상대방의 이름, 회사명, 숫자 등을 정확하게 듣지 못했을 경우에는 다시 한 번 확인할 필요가 있다.

◇ 전화 통화를 할 때의 착안 사항
- 전화 응답에는 '예!' '아니오.' '알겠습니다.' '좋습니다.' '괜찮습니다.' '확실히 잘 알겠습니다.' 라고 명확하게 답변하도록 한다.
- 상대방에 대한 존칭은 '○○선생(님)' '손님께서' '사장님께서' '부장님께서' 라는 존칭을 사용하도록 한다.

- 자신 또는 자기 회사의 일에 관한 호칭은 '저' '저희들' '저희 회사' 라는 호칭을 사용하도록 한다.

◇ 용건을 들을 때의 착안 사항

- 반드시 요점을 메모할 것 : 요점을 정리하기 위해서는 반드시 5W 1H에 입각하여 메모하도록 한다. 여기에서 5W 1H 란 언제(when), 어디서(where), 누가(who), 무엇을(what), 왜(why), 어떻게(how)를 말한다. 또한 5W 1H에 입각하여 요점을 정리하되 반드시 회사명, 이름, 일시, 숫자 등은 확실하게 메모하도록 한다.
- 중요한 사항은 복창하여 확인하면서 메모한다.
- 즉시 답변할 수 없는 경우는 '다시 전화드리겠습니다.' 라고 응답한 후 일단 전화를 끊고 신속하게 재확인토록 한다.
- 통화 중에는 주위에서 잡음이 들어가지 않도록 세심한 주의를 기울여야 한다.

◇ 전화를 끊을 때의 착안 사항

- 간단한 인사말을 남긴 후 '그럼 실례하겠습니다.' '죄송합니다.' 라는 사과 표시를 하도록 한다.
- 보통은 전화를 건 쪽에서 먼저 전화를 끊는 것이 원칙이지만 상대가 연상이거나 상위직 또는 거래처(고객)의 경우에는 상대방 쪽에서 먼저 전화를 끊는 것을 확인한 후 수화기를 놓는 것이 예의이다.
- 전화 통화를 끝맺을 경우에는 잠시 간격을 두었다가 조용히 수화기를 내려놓도록 한다.

② 전화를 걸 때의 에티켓

◇ 전화를 걸 때의 착안 사항

- 전화번호를 확인한 후 정확하게 다이얼을 돌리도록 한다. 전화 예절을 제대로 알고 있지 못하면 상대방에게 폐를 끼칠 뿐만 아니라 자신은 물론 회사에게도 시간 낭비가 되는 것이다.

- 전화를 걸 때는 자신이 먼저 '저! ○○ 회사의 ○○입니다만.'라고 신분을 밝히도록 한다.

- 상대방을 확인하도록 한다.

◇ 용건을 전할 때의 착안 사항

- 사전에 용건을 메모해 둔다.

- 5W 1H를 토대로 명확하게 이야기한다.

- 용건이 복잡하다든가 숫자가 많은 경우는 상대방에게 의뢰하도록 한다.

- 전화는 음성(언어)이 상당한 영향을 미치게 된다. 상대방이 착오를 일으키는 말이나 숫자 등은 이쪽에서 교정해서 정확하게 접수되도록 해야 한다. 특히 단어는 같고 뜻이 상이한 언어(용어)에는 주의가 필요하다.

- 전화를 거는 행위는 상대방의 시간에 개입하는 일이다. 따라서 전화 통화는 간결하고 요령 있게 진행해야 한다. 또한 상대방이 바쁜 것 같은 느낌을 받을 때에는 '지금 괜찮겠습니까?'라는 양해의 말을 곁들이도록 한다. 일방적으로 이야기하는 행위는 바람직하지 못하다.

◇ 상대방이 부재중이라서 메모를 부탁할 경우의 착안 사항

  - 이때는 요점만을 전달하도록 한다. 즉 '상세한 말씀은 차후에 또 연락드리겠습니다. 실례입니다만 어느 분이신가요.'라고 전화를 접수한 사람의 이름(신분)을 확인해 두도록 한다.

◇ 전화를 할 때의 태도

  - 상대방이 자신의 눈앞에 있는 것 같은 마음가짐으로 이야기한다.

  - 음성(소리)으로만 연락한다는 점에서 정확하고 정중하게 통화해야 한다.

  - 숙달되지 않은 경어를 무리하게 사용함으로써 실례가 되는 경우가 있다는 점을 염두에 둔다.

◇ 전화를 끊을 때의 착안 사항

  - 전화를 건 쪽에서 먼저 끊는 것이 원칙으로 되어 있다.

  - 전화를 끊을 때는 가벼운 작별 인사와 함께 '실례했습니다.' '죄송합니다.' '감사합니다.' 라는 말을 남긴 후 조용하게 끊도록 한다.

◇ 공중전화를 걸 때의 착안 사항

  - 공중전화는 가능한 한 조용한 박스를 선택한다.

  - 공중전화를 이용하다 보면 간혹 통화가 끊어지는 경우가 있는데 이런 경우는 상대방에게 실례가 되는 행위이다. 잔돈을 충분히 준비한 후 공중전화를 이용하도록 한다.

09_전화 대응 말솜씨에 관한 자기평가표

◇ 전화 공포증이 없어졌다.

◇ 수화기는 왼손으로 들고 있다.

◇ 다이얼은 오른손으로 올바르게 누르고 있다.

◇ 바른 자세로 수화기를 들고 있다.

◇ 수화기 옆에 메모 용지와 필기도구를 언제나 준비하고 있다.

◇ 전화를 걸기 전에 용건을 메모하고 있다.

◇ 주위의 잡음이 들리지 않도록 한다.

◇ 수화기 옆에 쓸데없는 물건을 두지 않는다.

◇ 코드가 꼬여 있다면 바르게 풀어놓는다.

◇ 발신음을 듣고 나서 다이얼을 누른다.

◇ 전화를 걸면 자신을 먼저 밝힌다.

◇ 전화를 받았을 때는 반드시 본인부터 신분을 밝힌다.

◇ 통상 '여보세요?' 라는 자세로 전화를 받지 않는다.

◇ 지명된 사람이 부재중인 경우는 조치를 명확히 취하고 있다.

◇ 전화의 특성을 잘 알고 있다.

chapter **8**

프로들의
현장 영업 말솜씨

01_말씨는 확실하게 한다

 영업사원의 주된 업무는 고객과의 상담을 통해서 고객이 만족할 만한 상품 구매를 할 수 있도록 도와주는 것이다. 따라서 생산 공장에서 근무하는 기술자에게 기술이 필요한 것과 같이 영업사원에게 있어서는 말의 기술이 기본 조건이 된다.

흔히들 옛날부터 「침묵은 금이다.」라고 하여 쓸데없이 말을 많이 하는 것을 경계시하는 경향이 있었다. 물론 영업사원에게 있어서도 쓸데없는 잡담은 금물이다. 그러나 그렇다고 해서 영업사원이 말수가 적고 무뚝뚝하다면 상거래는 이루어질 수 없다. 오히려 영업사원에게 필요한 잡담은 다이아몬드이다.

말솜씨의 일반적인 원칙으로 영업사원은 고객에 대해 처음 만나는 연장자를 대하는 기분으로 이야기하는 것이 가장 좋은 태도이다. 적당한 경어와 친근감과 예의를 표시하되, 그러나 이야기하고 싶은 내용은 빠짐없이 전달할 수 있다면 만점이다.

말솜씨의 요령은 다음과 같다.

① 확실한 순서에 입각하여 이야기한다.

무엇보다 핵심을 강조하는 것이 중요하다. 너무 지루해서는 안 된다. 친근감과 예의가 있으면서 이야기에 줄거리를 잡아 간결하게 이야기한다.

② 상대방에게 적합한 말솜씨를 고려한다.

고객에게는 남녀노소, 성격이 급한 사람과 무사태평한 사람, 완고한 사람과 부드러운 사람 등 매우 다양한 종류가 있다. 따라서 이야기하는 태도도 각 상대방의 스타일에 맞춰 성질이 급한 사람에게는 척척, 느린 사람에게는 침착하고 정중하게 이야기하지 않으면 안 된다.

③ 이야기하기보다는 오히려 좋은 청자가 된다.

영업사원이 빠지기 쉬운 폐해는 너무 지나치게 많은 이야기를 해서 고객이 자신의 의견을 이야기할 여지가 없다는 점이다. 이렇게 되면 결국 고객은 강매당했다는 느낌을 받게 된다. 고객이 어떠한 것을 희망하여 왜 갖고 싶어 하는가에 대한 것은 당사자인 고객의 이야기를 듣는 것이 가장 알기 쉬운 지름길임을 잊어서는 안 된다.

④ 부드러운 표준어로 이야기한다.

영업사원 중에는 멋대로 어려운 전문용어나 외국어를 사용하는 사람이 있다. 이렇게 함으로써 자신의 지식을 자랑이나 하려는 듯이……. 그러나 고객은 다시 물어보는 것을 부끄러워하여 아는 듯한 얼굴을 하고 있어도 사실은 반 정도도 알지 못하는 경우가 많다. 이것은 결코 고객에게 좋은 영향을 주지 못한다.

「말이 어렵고 수준이 높다.」라고 하는 것과 「이야기의 내용이 좋다.」라고 하는 것은 전혀 의미가 다르다. 영업사원의 말씨는 매우 알기 쉽고 부드러워야 한다. 또한 특정 지방의 방언이나 비속어 등의 사용은 절대 금물이다.

⑤ 효과적인 말솜씨 방법

◇ 발음은 확실하게 한다. 특히 어미가 듣기 어려우면, 반대로 해석될 우려가 있으므로 주의해야 한다.

◇ 목소리의 크기는 적당해야 한다. 너무 큰 목소리나 높은 목소리는 상대방에게 불쾌함을 주며 반대로 너무 낮은 목소리나 작은 목소리는 듣기 어렵다.

◇ 말솜씨에는 적당한 간격이 있어야 한다. 숨 돌릴 틈조차 없이 빠르게 이야기한다면 무엇을 듣고 있는지 핵심을 알 수 없다. 상대방이 생각하고 응수할 수 있는 적당한 여유를 주지 않으면 안 된다.

⑥ 기본 판매 용어

영업에는 여러 가지 판매 용어가 있는데 가장 기본적이면서 어떠한 경우라도 반드시 사용되는 말을 몇 가지 열거해 본다.

‘어서 오십시오. / 잠시만 기다려 주십시오. / 오래 기다리셨습니다. / 매번 찾아 주셔서 감사합니다. / 죄송합니다만……'

02_취향에 맞는 제품을 권한다

신입 영업사원은 종종 자신의 기호나 일반적인 상식에 기초하여 상품을 권유하는 경우가 있다. 이것도 좋은 방법이며, 이렇게 해서 자연스럽게 거래가 이루어지는 경우도 많다.

그러나 대개의 경우 이렇게 해서는 안 된다. 상품을 구매하는 것은 상대방인 고객이며 세일즈맨은 이것을 도와주는 역할에 지나지 않는다고 생각하면 어느 쪽의 기호에 중점을 두어야 하는가는 자연스럽게 확연해지는 법이다.

그렇다면 상대방의 취향을 발견하기 위해서는 어떻게 해야 하는가? 구체적으로 자신의 취향이 이러한 것이라고 이야기해 주는 사람의 경우에는 문제될 것이 없다. 문제가 되는 것은 확실하게 자신의 기호를 말하지 않는 고객이다. 이때 고객의 취향을 발견하는 방법에 대해 설명해 본다.

우선 2~3개의 제품을 선택해서 보여준다. 이때 상대방의 연령이나 복장 혹은 소지품 등을 통해서 그 사람의 기호를 파악하면 좋다. 이렇게 해서 권유한 제품에 대해,

① 처음 접해 본 제품이다.

② 특정한 한 제품에 대해 종종 질문을 반복한다.

③ 가지고 생각하면서 여러 가지 각도에서 관찰한다.

④ 하나만을 손에 올려놓고 다른 것은 무심하게 바라본다.

이러한 태도를 보인다면 그 제품에 관심이 있다는 증거이거나 혹은 기호에 가까운 제품이라고 할 수 있다. 또한 처음부터 '잠깐 그 제품을 보여주세요.'라고 지정한 제품은 그 사람의 취향에 가장 가까운 물건이라고 할 수 있다. 왜냐하면 이러한 제품에는 정도의 차가 있기는 하지만 고객의 관심이 나타나 있기 때문이다. 따라서 고객이 시간을 들여가면서 생각하고, 보고, 질문하는 것은 확실하게 마음이 끌리는 제품임에 틀림없다.

영업사원은 이러한 점을 가능한 한 빨리 발견하고 그것을 중심으로 비슷한 제품을 권한다면 비교적 용이하게 물품 구매를 결정할 수 있게 된다.

상품을 권유할 때에는 고객의 취향과 동시에 알아두어야 할 것이 한 가지 더 있다. 그것은 「고객이 어떠한 원인으로 상품을 구매하러 왔는가?」하는 점이다. 조금 어려운 말로 하자면 「구매 요인」을 파악하는 것이다.

구매 요인은 인간의 여러 가지 욕망에 의해 결정된다. 즉 '이것도 갖고 싶다, 저것도 갖고 싶다.'라고 하는 무형의 희망이 「이것을 사자! 저것을 사자!」라고 하는 현실의 문제로 나타나는 것을 소위 말하는 매물賣物이라고 하는 동작이다. 예를 들면,

머리가 아프다 → 고치고 싶다 → 약국에 가서 약을 산다.

물건을 구매할 때에는 이렇게 확실한 욕망을 가지고 있는 경우도 있으며 반대로 그다지 확실하지는 않지만 그냥 무엇이라고 설명할 수 없는 동기에서 구매를 하는 경우도 있다. 그러나 이러할 경우에도 세밀하게 파고들어 가면 반드시 어떠한 욕망이 잠재해 있기 마련이다.

상대방의 말 한마디 한마디에서 그 사람의 욕망을 추측할 수 있다면 상품을 선정해 주고 권유해 주는 데 매우 편리하다.

틀림없이 고객은 알게 모르게 자신에게 딱 맞는 상품을 권유해 준다면 '그 상점은 정말 친절해!' 라고 평가할 것이다.

03_중급품에서부터 종류도 적절하게 권한다

 흔히 매장(점포)에서 경험하는 일로, '저~ 양복을 좀 사고 싶은데요……. 구두 좀 보여주세요.' 라는 식으로 막연하게 이야기할 경우 도대체 어떤 양복과 어떤 구두를 먼저 보여줘야 하는지에 대해 고민하게 된다.

대체로 제화점에는 보통 2~3만 원짜리 제품에서부터 비싸게는 10만 원이 넘는 제품까지 다양하게 있다. 이러한 경우 우선적으로 생각해야 할 것은 일반적으로 잘 팔리는 가격대가 어느 정도냐 하는 것이다. 평소 이러한 가격대의 제품에 대해 잘 파악해 두고 우선 그 주변에 해당하는 제품부터 보여주면 된다.

왜 그럴까? 대개의 고객은 나름대로의 구매 예산을 계획하고 있다. 처음부터 너무 고가품을 보여준다면 사고 싶기는 하지만 예산이 부족하다. 결국 '좀 더 싼 제품을 보여주세요.'라고 말하지 않으면 안 된다.

그러나 잠시 생각해 보자. 인간이라면 누구나 '좀 더 싼 제품을……'이라는 말을 하기 어려워한다. 여자들의 경우에는 더욱 그러한 경향이 강하다. 설령 말을 했다고 해도 먼저 고급품을 보았기 때문에 나중에 본 중급품은 그만 못해 보이는 게 당연하며, 따라서 사고 싶은 마음이 없어지게 되는 것이다. 처음부터 중급품을 보여주었다면 구매했을 제품인데 고급품을 보여주었다는 이유 때문에 상담이 이루어지지 않는 경우가 많다.

그렇다면 반대로 처음부터 매우 싼 제품부터 보여주면 어떨까? '이 사람이 날 바보로 취급하는군. 난 이따위 신발을 사러 여기에 온 게 아니야.'라고 생각하게 될 것이다. 따라서 막연하게 주문을 받은 경우에는 우선 중저가의 제품부터 권유해 주는 것이 최선의 방법이다. 중간 수준의 제품이라고 해도 상대방의 연령이나 사회적 지위에 따라 그 정도는 자연히 달라지며 따라서 여기에는 상당한 폭이 존재하게 된다.

다음으로 고려해야 될 점은 수량의 문제이다. 종종 '이것을 보여주세요.'라고 했다고 해서 하나만을 꺼내서 보여주는 판매원이 있다. 그러나 이렇게 한다면 고객은 다른 제품과 비교해서 선택할 수 없으며 이것은 가장 불친절한 방법이다. 그렇다고 해서 이것저것 수십 개를 꺼내서 보여준다면 너무 많아 선택할 수 없게 된다.

결국 상품을 보여줄 때는 선택하기에도 쉽고 또한 다른 곳으로 눈을 돌리지 않을 정도의 적당한 수량을 고려해야만 한다. 몇 개가 적당한가에 대해서는 확실하게 말할 수 없으며 상품에 따라서도 각각 달라진다. 극히 일반적으로 말한다면 고급품은 조금 적게, 중급품 이하는 조금 많은 듯하게, 또한 크기가 큰 것은 조금 적게, 작은 것은 조금 많은 듯하게 보여주는 것이 좋다.

색상이나 형태도 적당히 맞추어서 밝은 것과 어두운 것, 네모진 것 등으로 골고루 보여주면 선택하기가 훨씬 편해진다.

04_상품의 특징을 강조한다

우리는 이미 영업에 대한 준비로서 충분한 상품 지식을 몸에 익혔다. 상품 지식을 발휘하는 것은 지금이다. 질문에 대해 하나하나 정확하게 대답해 주고 의문과 불안을 제거해 주면 만족만이 고객 마음속에 남게 된다. 이것이 상품 지식을 활용하는 길이지만 여기에도 문제가 있다.

영업사원은 일정한 시간 내에 가능한 한 많은 고객을 상대하여 매출을 올려야만 한다. 한편 고객도 가능한 한 구매 시간을 절약하여 남은 시간을 다른 유익한 것에 사용해야 한다.

상품에는 그것이 양심적으로 만들어진 이상 하나나 둘 혹은 그 이상의 장점이 있게 마련이다. 사용하기 쉽다, 오래 사용할 수 있다, 튼튼하다, 가격이 저렴하다, 아름답다, 청결하다, 맛이 있다 등등. 유사품이나 경쟁품과 비교하여 그 제품만이 가진 장점을 발견하는 것은 그다지 어렵지 않다. 이러한 상품의 장점과 특징을 「영업의 포인트」라고 말한다.

대부분의 상품 지식은 영업 포인트에 의해서 대표되며 이것이 있기 때문에 제품이 팔리는 것이다. 영업사원은 고객과 만나면 우선적으로 이러한 영업 포인트에 대해 설명해야 한다. 이렇게 함으로써 고객의 만족도는 한층 더 높아질 것이다.

05_품절된 경우에는 반드시 대용품을 권한다

대체로 소형 점포의 경우, 상점을 운영함에 있어서 한정된 자본을 가지고 경영하는 이상 고객의 요구에 맞는 모든 제품을 구비해 놓기는 어렵다. 오히려 모든 제품을 갖춰 놓은 점포 쪽이 드물다고 할 수 있다.

또한 평상시에는 구비되어 있던 제품도 종종 품절되는 경우도 발생한다. 세상사가 마음먹은 대로만 돌아가는 것이 아니기 때문에 바로 이런 때 고객으로부터 '이러한 제품이 없습니까?' 라는 주문을 받게 된다. 도대체 어떻게 하면 좋을까?

가장 간단한 방법은 '정말 죄송합니다만 방금 품절되었습니다.'라고 양해를 구하는 것이다. 그러나 이렇게 양해를 구할 경우에도 방법이 있다.

점포 방침에 의해서 취급하지 않는 상품까지 '지금 막 품절되었습니다.'라고 판에 박힌 듯이 똑같이 이야기한다면 결국에는 '저 상점에는 언제 가더라도 마음에 드는 상품이 없어.'라고 생각하게 되며 재고품까지 팔리지 않게 된다. 따라서 한걸음 더 나아가 생각해 보면,

① 점포에서 취급하지 않는 제품은 확실하게 '그것은 저희 점포에서는 취급하고 있지 않습니다.'라고 양해를 구해야만 한다.
② 취급하고 있으나 종종 품절이 되는 상품은 '공교롭게도 지금 막 품절이 되었습니다만 ○○일 △△시경에 입하되니까 그때까지 기다려 주시겠습니까?' 또는 '물건이 도착하는 대로 연락드리겠습니다.'라고 대답하는 것이 좋다.

취급하지 않는 상품이나 도착할 때까지 기다릴 수 없는 상품에 대해서는 유사품(대용품)을 보여주면서 '대신 이것은 어떻습니까?'라고 제품의 특징을 설명해 주면 어느 정도 그것으로 만족하는 경우도 있다. 이렇게 함으로써 고객은 두세 번 헛걸음을 하지 않아도 되고 점포 쪽에서는 예상 밖의 매출을 올릴 수 있게 된다.

06_동행을 무시하지 않는다

점포에는 흔히 2~3명의 동행이 같이 오는 고객이 많다. 그러한 동행은 크게 2가지로 나눌 수 있다.

① 똑같이 무엇을 구매하러 오는 경우
② 구매할 고객은 한 사람이지만, 동행이 되어 같이 온 경우

①의 경우는 동행이 몇 명이든 모두가 구매 손님으로, 그중에 누군가가 지도적인 발언을 한다고는 하지만 대개의 경우 모두가 각자의 의견을 말하기 때문에 '아하, 공동의 구매객이구나.'라고 쉽게 간파할 수 있으며 모든 사람과 상담을 나누는 것이 비교적 용이하다.

②의 경우가 가장 주의를 요하는 상황이다. 동행은 친구가 될 수도 있고 부인이나 남편 혹은 나이 어린 자녀가 될 수도 있다. 어쨌든 동행은 구매하는 사람을 지원하려고 하는 기분이 농후하다. 더구나 자신이 구매하는 것이 아니기 때문에 매우 객관적이며 관찰도 예리하다. 또한 자신의 주머니와는 별개이기 때문에 상품 구매에 대한 기분도 가볍다. 따라서 영업사원의 권유에 대해 쉽게 납득하고 함께 권유해 주는 경우도 있지만 반대로 구매를 방해하는 입장이 되기도 한다.

예를 들면, '점원이 말하는 대로야. 이것이 제일 좋아. 이것으로

하지.'라고 이야기해 주는 것도 동행이며 '이봐, 아무리 봐도 똑같아. 적당히 보고 다음에 오면 어때?'라는 것도 동행이다. 구매자에게만 주의를 집중하고 동행을 무시한다면 아무래도 후자 쪽이 될 것이다. 따라서 영업사원은, 모든 동행은 구매 고객이라는 생각으로 평등하게 양자 모두에게 이야기하도록 주의해야만 한다.

그리고 한 가지 더 주의해야 할 사항은 부인과 함께 가전제품을 사러 오는 경우이다. 인간이 천차만별이기는 하지만 대개의 경우 남자가 성질이 급하고 대범한 데 비해 여자는 매사에 빈틈이 없고 섬세하다. 상품을 구입하는 데 있어서도 부인은 아주 세심한 부분까지 주의를 기울이는데 반해 남편은 대충 '이것으로 하지.'라고 결론을 내린다. 이렇게 되면 부인의 입장에서는 조금 불만이 있어도 많은 사람들 앞에서 남편과 말씨름을 하고 싶지 않기 때문에 별로 내키지는 않지만 그것으로 결정한다.

그러나 여기에 문제가 있다. 제품과 늘 접하는 것은 부인 쪽이다. 처음에 가졌던 불만은 좀처럼 지워지지 않고 오히려 점점 더 커져서 2~3일 지나면 '모처럼 마음먹고 장만했는데 별로……'라고 하면서 반품이나 교체 상담이 들어오기 시작한다. 설사 반품이 되었어도 그 점포에 대한 나쁜 인상은 나중에까지 남아 '이제 저 점포에서는 절대 사지 않을 거야.'라는 생각을 가지게 된다. 이렇게 점포로서는 알지 못하는 손해가 의외로 큰 영향을 주게 된다.

부인과 동행했을 경우에는 가능한 한 부인을 납득시켜야 한다. 이것은 어떻게 보면 아주 하찮은 것같이 생각될지 모르지만 의외로 판매에 있어서 중요한 역할을 한다.

07_관련 상품을 함께 권한다

오래전부터 갖고 싶었던 구두를 생각했던 것 보다 싼 가격에 구입해서 의기양양하게 현관 문을 들어선 순간 동생의 흰 구두를 보고 '아! 밤색 구두약 사오는 것을 잊어버렸다.' 하면서 머리를 치는 일은 없었는가? 적어도 이와 비슷한 일을 우리들은 몇 번 정도 경험했을 것이다. 이것은 자신이 원래 건망증이 심하다고 넘겨버리면 그만이지만 영업사원에게도 일말의 책임이 있다.

상품에는 그 자체만을 독립적으로 움직여 별도의 부속품이 필요 없는 제품이 있는가 하면 그 자체만으로는 완전한 기능을 하지 못하고 다른 관련품을 필요로 하는 경우가 있다.

관점에 따라서는 거의 대부분의 상품에는 관련 상품이 있다고 할 수 있다. 칫솔과 치약, 컴퓨터와 프린터기, 구두와 핸드백 등이 좋은 예이다. 이와 같이 하나의 상품을 판매할 때 관련 상품을 함께 판매하는 것을 연쇄판매라고 한다.

연쇄판매는 고객이 필요한 상품을 빼놓고 구매하는 것을 방지해주며 헛걸음을 하지 않도록 도와주는 훌륭한 서비스이다. 또한 점포의 입장에서는 다만 얼마라도 매출을 증가시킬 수 있는 지혜로운 방법이 되어 그야말로 일석이조의 명안名案이라고 할 수 있다.

연쇄판매에는 2가지 방법이 있다.

한복과 같이 겉감과 속감으로 관련 상품이 한정된 경우에는 '안감이 필요하지 않으십니까?' 라는 식으로 그 제품의 이름을 직접 꺼내는 것이 좋다. 이것을 직접 화법이라고 한다.

　그러나 구두와 같이 관련 상품이 많이 있을 경우에는,

"구두약은 필요하지 않으십니까?"

"아니오. 있습니다."

"구둣솔은 있으십니까?"

"그것도 있습니다."

"그렇다면 안창은?"

"정말 귀찮은 사람이군. 이것저것 강매를 하는군."

이라는 식이 될 것이다. 오히려 이러한 때에는 '그 밖에 무엇인가 필요한 제품은 없으십니까?'라고 암시적으로 묻는 것이 좋다. 이것을 간접 화법 또는 암시 화법이라고 한다.

　직접 화법이 좋은지, 간접 화법이 좋은지는 그때그때의 상황과 상품의 성질에 따라 결정하는 수밖에 없다. 어쨌든 연쇄판매를 잊어서는 안 된다.

08_언쟁은 금물이다

 고객과 언쟁을 하지 말아야 한다는 것은 누구나 알고 있는 사실이다. 그러나 이렇게 누구나 알고 있는 것을 실행하는 것은 매우 어렵다.

논리보다는 증거, 당신의 가슴에 손을 얹고 생각해 보자! 한 번이나 두 번쯤은 반드시 고객과 언쟁을 한 기억이 있을 것이다. 적어도 당신 점포의 누군가가 고객과 언쟁을 한 것을 본 경험이 있을 것이다.

거듭 강조하지만 고객은 천차만별이기 때문에 반드시 올바른 말만을 한다고는 볼 수 없다. 아무리 성의를 다해서 이야기해도 알아주지 않고 무례한 말을 하는 사람이 있다. 이러한 때에는 누구나 화가 날 것이다. 이러한 경우 무조건 화를 내지 말라고는 하지 않겠다. 영업사원도 인간인 이상 감정의 동물이며 지나치게 상대방이 무례하게 나온다면 울화가 치미는 것이 당연하다. 이럴 땐 오히려 크게 화를 내라고 말하고 싶다.

그러나 그래서는 안 된다. 영업사원에게 있어서 화를 내는 것과 그것을 겉으로 나타내는 것은 별개의 문제라고 생각해야 한다.

'그런 재주를 어떻게 부릴 수 있을까?' 하고 누구나 생각할 것임에 틀림없다. 그러나 가능하다. 이것이 불가능하다면 훌륭한 영업사원이라고 할 수 없다. 이렇게 되기 위해서는 다음의 주문을 마음속으로 3번 복창한다.

'Custom is always right!'

우리말로 번역하자면 「고객은 항상 옳다.」 「고객은 항상 대우받아야만 한다.」라는 의미이다. 이것을 세 번 복창했는데도 마음이 안정되지 않고 언쟁이 일어날 것 같다면 다음 방법을 사용해 보자.

① 사람을 바꾼다.
② 장소를 바꾼다.
③ 시간을 바꾼다.

이것 역시 언쟁을 피하는 세 가지 방법이라고 할 수 있다.

「사람을 바꾼다.」라고 하는 것은 누군가 다른 사람, 가능하면 상사나 선배, 어쨌든 당신보다 연배나 지위가 높은 사람과 교체하는 것이다. 상대방이 '당신 같은 사람은 몰라. 직속상사를 불러줘!' 라고 했을 때에는 투수 교체의 적기이다. 고객 중에는 미묘한 우월감을 가지고 있어 점주나 상사가 나와 사과를 하면 '내가 상사의 사과를 받아 냈어.' 라고 득의양양해져서 오히려 쉽게 문제가 해결되는 경우도 있다.

「장소를 바꾼다.」고 하는 것은 '아! 여기서는 이야기가 안 되겠습니다. 이쪽으로…….' 라고 하면서 별실로 안내한다. 이러한 사이에 시간이 바뀌게 된다. 이 세 가지 방법은 모두 상대방의 흥분을 가라앉히는 데 목적이 있다.

09_고객의 구매 심리와 서비스 제공

 지금까지는 주로 세일즈맨의 입장에서 상품을 권유하는 방법에 대해 설명하였다. 이쯤에서 조금 각도를 바꿔 고객의 심리 상태를 위주로 살펴보겠다.

고객이 제품을 구매할 때의 심리, 이것을 구매심리라고 하며 구매를 시작할 때부터 결정할 때까지 반드시 동일한 상태라고 말할 수 없다. 오히려 고객의 구매심리는 시시각각 변화해 간다.

이러한 변화는 사람의 얼굴이 제각기 다른 것과 같이 제각기 다르지만 반면 물건을 구입한다고 하는 공통된 목적이 있기 때문에 개략적으로 분류 정리할 수 있다.

알기 쉽게 가구점에 소파를 사러 방문한 고객의 심리 과정을 예로 들어보자.

◇ 제1단계 : 주목한다 … 우선 점포에 들어와 사고 싶어 하는 소파에 눈이 멈춘다. 말로 표현하자면 '와~ 디자인이 좋은 소파가 있군!'이라고 하는 상태

◇ 제2단계 : 흥미를 갖는다 … 물건에 흥미를 갖고 가격이나 재료 등 여러 가지에 대해 살펴본다. 말로 표현하면 '음~ 이게 좋겠군. 그런데 도대체 얼마나 되지? 상태는 좋은가?'라고 하는 상태

◇ 제3단계 : 연상한다 … 실제로 그 제품을 사용하는 모습을 연

상해 본다. '우리 집 거실에 이 긴 소파와 테이블을 놓으면 전체적인 분위기는 어떨까?' 등 이것저것 현실적으로 고려해보는 상태

◇ 제4단계 : 사고 싶어진다 … 연상의 결과가 좋았다면 점점 구매하고 싶어진다. 이 제품이 아니면 안 된다는 기분까지 들게 된다.

◇ 제5단계 : 비교 검토한다 … '그러나 잠깐만 기다려 보자.'라고 생각한다. 신중한 구매는 반드시 '잠깐 기다려 보자.'라는 생각이 따르기 마련이다. 예산 문제를 고려해야만 한다. '좀 더 싼 점포는 없을까? / 좀 더 좋은 제품은 없을까? / 좀 더 어울리는 제품은 없을까?' 등등 다른 제품과 비교 검토를 하게 된다.

◇ 제6단계 : 결정한다 … '좋아! 이것이 가장 좋아. 이것으로 하자!'라고 결정한다.

◇ 제7단계 : 실행한다 … 지갑을 꺼낸다. '이것으로 주세요.'라고 말하면서 돈을 지불하는 단계이다.

이상과 같이 상품을 구매할 때에는 「주목」에서부터 「결정」에 이르기까지 7개의 다른 심리 과정을 거친다는 것을 알 수 있다.

영업사원에게 있어서 중요한 것은 고객의 심리를 분석적으로 알고 있는 것뿐만 아니라 오히려 각각 다른 심리 과정에 맞춰 어떻게 적절한 서비스를 하느냐 하는 것이다.

다음은 구매심리의 각 단계에 맞는 서비스 제공에 대해서 편의상 도표로 설명한다.

【구매심리 단계와 서비스 제공 방법】

단 계	제공해야 할 서비스
제1단계 주목한다	• 고객의 주의를 끌기 쉬운 진열 (특히 색상과 형태의 조화, 조명 등) • Price Card 첨부 • 음향, 향, 맛의 효과를 올린다.
제2단계 흥미를 갖는다	• 상품을 작동시켜 사용하게 해본다. • Selling point : 기타 상품 지식을 활용한다.
제3단계 연상한다	• 거울을 보여준다. • 사용하게 한다. • Model room, 사진, 마네킹 인형 등을 이용한다.
제4단계 갖고 싶어 한다	• Selling point : 강조(반복해서) 한다. • 칭찬해 준다(잘 어울리십니다).
제5단계 비교 검토한다	• 유사품과 비교 설명한다. • 그 제품의 장점을 설명한다. • 가격이 결코 비싸지 않다는 것을 납득시킨다.
제6단계 결정한다	• 품질 보증 • 반품, 교환에 대해 약속한다. • 대금 결제 방법에 관한 상담에 들어간다.
제7단계 실행한다	• 마음으로부터 감사한다. • 연쇄판매 • 가능한 한 빠른 입금과 포장 절차

그리고 마케팅(영업)에서 세일즈맨십이란 「자신이 판매하는 상품이 정말로 고객을 위해 훌륭한 상품이라는 신념을 가지고 이것을 상대방에게 납득시켜 판매에 성공한다.」는 신념이며 기술이다. 그 중에서도 가장 중요한 것은 좋은 의미에서의 「자신감」이다.

점포를 방문하는 고객은 비전문가이다. 적어도 상품에 대해서는 판매원이 훨씬 상세히 알고 있으며 상대방은 당신을 전문가로 생각한다. 전문가인 당신이 고객의 질문에 자신감 없는 태도로 우물쭈물한다면 고객은 도대체 무엇을 의지하여 구매를 해야 하는지 망설이게 된다.

당신은 전문가이다. 자신감을 가지고 당당하게 권유해야 한다. 그러나 이 자신감은 올바른 접객상의 상품 지식과 기술에 의해 뒷받침되어야 한다. 이것이 진정한 세일즈맨십이며, 당신이나 당신의 동료가 세일즈맨십에 눈을 뜰 때야말로 사업은 비약적으로 성장할 것이다.

chapter **9**

프로들의
현장 설득 말솜씨

01_일본 마쓰시다 고노스케 회장의 설득 말솜씨

 예로, 일본에서 경영의 신神이라 불리우는 '마쓰시다 고노스케 회장'은 장사 수단 못지 않게 설득력 또한 대단했던 인물이다.

1950년 '마쓰시다' 전기電器는 네덜란드의 '필립스' 전자와 손을 잡고 일본에서 합작회사를 설립했다. 필립스 사는 마쓰시다에게 기술을 제공하는 조건으로 도입특허료를 요구했다. 도입특허료는 매출액의 3퍼센트로 기술 제공자로서는 당연한 요구였다.

그런데 여기서 문제가 발생했다. 마쓰시다가 필립스 측에다 전혀 새로운 요구를 한 것이다.

'새 회사는 일본에 있는 회사다. 기술은 필립스 측에서 제공한다고 하지만 경영 지도나 감독은 도대체 누가 할 것인가. 우리 측 자본이 70퍼센트이고 당신네가 30퍼센트인 이상 경영은 당연히 우리가 맡는다. 따라서 우리도 당신네들한테서 경영에 관한 지도료를 받지 않으면 안 된다.'

마쓰시다 회장의 이야기를 들은 필립스 측은 매우 놀랐다.

필립스 측으로서는 전혀 들어본 적도, 생각해 본 적도 없는 터무니없는 소리였기 때문이다. 지금이야 마쓰시다 전기가 눈부신 성장을 이룩하여 전자업계에서는 필립스사와 어깨를 나란히 할 정도로 크게 성장했지만 당시만 해도 보잘것없는 삼류 회사에 지나지 않았다.

선진 기술이 절실히 요구되어 필립스 측의 기술을 도입하는 판에 고맙게 감지덕지하는 것이 아니라 오히려 적반하장 격으로 경영지도료를 요구하다니, 기술 제공자로서의 자만심에 차 있던 필립스사는 마쓰시다의 요구를 단호하게 거절해 버렸다.

'웃기는 이야기이다. 우리는 경영지도료 같은 것을 단 한 번도 내본 적이 없다.'

필립스의 이같은 반응에 대해 마쓰시다는 '필립스 사에는 그런 경우가 없었는지 모르나 우리로선 당연한 요구라고 생각한다. 도입하는 기술에는 당연히 돈을 낸다. 그러나 도입하는 경영진에 대해 돈을 낼 수 없다는 것은 불공평하지 않은가? 기술에는 분명히 가치가 있다. 그러나 아무리 훌륭한 기술을 도입한다 하더라도 경영이 잘 안 된다면 그 훌륭한 기술도 무의미해지고 만다. 따라서 경영도 기술 못지않은 값어치를 지닌 이상 경영지도료의 지불은 당연한 일이다. 지금까지의 선례가 무슨 상관인가? 우리는 선례 따위는 인정하지 않는다. 경영지도료를 당신네들의 기술도입료와 똑같이 평가하는 것이 원칙이겠지만 우리가 조금 양보해서 기술도입료와 경영지도료의 차이를 1퍼센트로 하려고 한다. 어떤가?' 라고 말했다고 한다.

처음에 필립스 측에서는 마쓰시다 요구를 거절했지만 결국 마쓰시다의 집요한 설득에 굴복해서 그의 요구를 받아들였다.

세계 수십 개국에 기술을 수출하고 있는 필립스 사로서는 난생처음 경영지도료라는 것을 2퍼센트 지불하기로 한 것이다. 마쓰시다의 논리 정연한 설득이 주효한 사례였다. 당시 확실한 근거에 의해 열의를 가지고 설득한 대로 마쓰시다 전기는 몇 년 가지 않아 동업 회사 중에서 가장 실력이 좋았다.

설득이란 어느 한쪽의 노력으로 상대방을 움직이는 것을 말한다. 타인을 설득하는 데는 대개 두 가지 수단이 필요하게 된다. 즉, 힘〔力〕과 말〔言語〕이다. 힘으로 남을 움직이기는 쉽다. 그러나 그런 물리적인 수단은 강제성을 동원하기 때문에 호감보다는 반감이나 저항을 유발하기 쉽다. 강대국의 식민지 국가가 점령국을 상대로 유혈 투쟁을 하는 것도 힘에 의해 강제로 굴복당한 데서 오는 반발인 것이다.

그러나 말로 상대방을 움직이는 것은 상대방의 마음을 사로잡아 굴복시킨 결과가 되기 때문에 반발이나 저항이 있을 수가 없다. 말로 상대방을 움직이는 데 있어 대화의 테크닉보다 중요한 것은 진실이 담겨 있는 말이다. 진실성 없는 말처럼 공허한 것도 세상에는 없을 것이다. 이는 허공에 뜬 구름과 같아서 남의 시선을 끌게 할수는 있어도 감화, 감동시켜 따라오게 할 수는 없다. 그러나 진실이 깃든 말은 사람의 마음속에 깊이 파고들어 상대방으로 하여금 솔선해서 따라오게 만든다.

예를 들면, 제2차 세계대전에 패한 후 실의와 좌절에 빠져 있는 독일 국민에게 '잿더미에서 일어나 게르만 민족의 옛 영광을 되찾자.'라고 부르짖은 것은 '피히테'였다. 그는 결코 유명한 연설가나 웅변가가 아니었다. 그럼에도 불구하고 그가 〈독일 국민에게 고告한다〉라는 제목으로 열변을 토했을 때 모든 독일 국민들이 큰 감동을 받았던 것이다. 이후 독일은 서둘러 전 국민이 한마음으로 국가 재건에 착수해서 마침내 전쟁 전과 같은 영화를 되찾을 수 있었다. 피히테의 말 속에는 용광로보다 더 뜨거운 열정과 호소력이 담겨져 있었기 때문에 독일 국민들이 스스로 감복하고 그를 따라 주었기 때문이다.

그럼, 다시 마쓰시다의 다른 사례를 소개하기로 한다.

마쓰시다가 처음으로 전구電球를 만들어 내쇼날 상표를 붙였을 때 그는 이 새로운 상품을 싸들고 지방으로 영업 활동을 떠났다. 거래처 주인들을 만나 새로 만든 상품 판매를 부탁하기 위해서였다. 한자리에 모은 거래처 주인들에게 전구를 소개한 뒤 그는 이렇게 말했다.

'이 전구는 우리 회사에서 심혈을 기울여 만든 것이지만 솔직히 말해 일류품이라고 할 수는 없습니다. 서운한 일이지만 기술이 한 발 뒤떨어져서 이류품이 되어버리고 말았습니다. 그래서 부탁드리

는 바입니다. 저의 제품을 일류품 값으로 사주시기 바랍니다.'

정말 기상천외의 억지 같은 부탁이었다.

홍보가 잘 안 된 신설 회사의 상품이니만큼 정작 제품을 일류품으로 만들었다 해도 일류품 가격으로 사줄까 말까 할 판인데 이류품을 일류품 가격으로 사달라니, 말도 안 되는 소리였다. 어처구니가 없어서 서로 얼굴만 쳐다보다가 누군가가 그 이유를 물었다. 마쓰시다 씨는 이렇게 대답했다.

"아시다시피 지금 일본에는 전구를 일류로 만드는 회사가 단 한 회사밖에 없습니다. 때문에 값이 비쌉니다. 독점을 하고 있기 때문입니다. 여러분, 씨름 경기를 한번 생각해 보십시오. 힘이 아무리 강하다 해도 장사가 한 명밖에 없어서는 경기가 되지 않습니다. 또 다른 장사들이 있다 하더라도 기술이나 힘이 형편없이 뒤진다면 재미가 없습니다. 서로 실력이 비슷해야 재미가 있는 겁니다. 지금 일본의 전구업계가 바로 그렇습니다. 힘센 장사만 한 사람 있을 뿐, 나머지는 그 장사의 상대가 될 수 없습니다. 여기에 만약 또 하나의 장사가 나타나 두 회사가 심혈을 기울여 좋은 물건을 보다 싸게 제공하기 위해 선의의 경쟁을 벌인다면 소비자도 좋고, 물건을 파는 여러분도 반드시 이익을 보게 될 것입니다."

"그건 옳은 말씀입니다만, 그런 장사가 어디 있습니까?"

"여기 있지 않습니까? 저 마쓰시다가 그 장사 역할을 하겠습니다. 여러분이 그렇게 만들어주십시오. 지금 우리 회사의 능력으로는 전구를 이류품밖에 만들어 낼 수가 없습니다. 돈이 없기 때문에 기술 혁신의 가능성이 바로 눈앞에 있는데도 그걸 도입하지 못하고 있습니다. 제가 지금 여러분께 부탁드렸듯이 이류품을 일류품 값으로 사주시면 이윤이 많이 남습니다. 그 돈으로 기술 혁신을 하겠습니다. 머지않은 장래에 저희 회사에서도 일류품이 나오게 됩니다. 그렇게 되면 일류의 전구 제조업체는 2개소가 되고 서로 멋진 경쟁상대가 되어 한판 승부를 벌이게 될 것입니다. 여러분, 어떻게 해주시겠습니까?"

그러자 곧바로 요란한 박수 소리와 함께 환호성이 터져 나왔다. 마쓰시다의 설득이 드디어 성공한 것이다. 거래처 주인들은 기꺼이 마쓰시다 전구를 일류품 값으로 사주었고 마쓰시다는 그들에게 약속한 대로 기술 개발을 해서 일 년 후에는 내쇼날 상표의 전구가 일류품이 될 수 있었다. 얼핏 생각하기에 일본인들의 특이한 국민성이라 할 단결심이 투철한 일본 열도에서나 있음직한 이야기지만 어떻든 이처럼 상대를 설득한다는 것은 그리 쉽지가 않은 일임은 틀림이 없다.

02_말솜씨는 온몸으로 말한다

누군가를 설득하기 위해서는 우선 그 상대방을 만나야 한다. 그런 다음 상대를 감동시키고 상대로 하여금 공감하게 하도록 정연한 논리로써 설득을 시작해야 한다.

경우에 따라서는 대중을 모아 놓고 강단에 올라 설득을 해야 할 때도 있고 또는 밀실에서 단독 대담하여 적극적으로 상대를 설득시켜야 할 경우도 있다.

이럴 때 무기는 역시 말이다. 그러나 상대를 설득하는 데 있어 말이라고 하는 무기만 가지고는 부족하다. 말만으로는 설득이 어려운 경우도 얼마든지 있는 것이다.

그렇기 때문에 설득력의 효과를 높이기 위해서, 또는 청중을 감동시키기 위해 공감대를 형성함으로써 군중 심리를 자기 페이스로 끌어가기 위해서는 온갖 제스처가 동원되기도 한다. 손짓 발짓이나 얼굴 표정은 물론, 심한 경우 눈물을 흘리는 혼신의 힘을 다해 설득전을 펴는 사람도 많이 보게 된다. 특히, 정치인의 세계에서 그렇다.

일반적으로 상대를 설득할 때 부드러운 언어의 구사를 그 첫째 조건으로 내세운다. 그러나 특수한 경우, 여건에 따라서는 상대방에게 오히려 강한 의지를 나타내 보이는 강력한 설득을 함으로써 보다 훌륭한 결과를 거두는 사례도 우리 주변에서 흔히 볼 수 있다.

어떤 경우는 설득하는 장면이 마치 싸움하는 것 같기도 하고 또 어떤 경우는 설득을 하는 건지 공갈 협박인지 분간하기 어려울 정도로 삿대질과 높은 언성으로 끝내 설득에 성공하는 경우도 있는 것이다. 여하튼 상대방을 설득하는 데에는 말하는 사람의 표정이나 태도가 큰 비중을 차지한다는 것을 기억해야만 한다.

그런데 발언자가 아무리 논리 정연한 언변과 진지한 표정, 겸손한 태도로써 상대를 설득하려 한다 해도 역시 그 말씨에 진실성이 결여되어 있으면 상대방으로부터 자발적인 동의와 호응을 얻어내지 못한다.

우리는 때로 누군가가 본심은 딴 곳에 있으면서 거짓된 말을 합리화시켜 횡설수설 지껄이면서 나를 설득시키려 드는 경우를 당하기도 한다. 그럴 때 상대가 아무리 기가 막힌 연기술로 표정을 꾸며가며 위장한다 해도 우리는 어색한 낌새를 쉽게 눈치 챌 수가 있는 것이다.

더구나 사람의 인상(느낌)은 눈으로 들어오는 순간 압도적으로 강하게 와 닿는 것을 보게 된다.

어느 연구소에서 감각 기관의 인상도를 측정해 본 결과 시각 87퍼센트, 청각 7퍼센트, 후각 3.5퍼센트, 촉각 1.5퍼센트, 미각 1퍼센트인 것으로 나타났다. 이같은 사실만 보더라도 시각의 중요성은 단연 압도적이다.

우리나라 사람들을 비롯해서 동양인의 얼굴 표정을 보면 서방 사람에 비해 무표정하고 딱딱하다. 표정이 무미건조하니까 남을 설득하기 위해서는 자연히 입이 부지런해질 수밖에 없다. 모자라는 표정의 몫까지 입이 떠맡아서 대신해 주어야 하기 때문이다. 그러니 자연히 말이 많아지고 시끄러워질 수밖에 없다.

우리와는 대조적으로 서방계 외국인들의 표정은 대부분 매우 다양하고 풍부함을 보게 된다. 그중에서도 특히 아랍 문화권의 중동 지역 사람들을 보면 얼굴 표정이라든가 손짓, 발짓이 현란할 정도다. 얼굴로써 나타내지 못할 표정이 없을 정도로 온갖 표정을 다 짓는다. 또한 손짓의 리드미컬한 움직임은 그대로 하나의 연기이며 빼어난 예술이다. 그러나 그들의 이와 같은 다양한 연출이 실은 말이 모자라기 때문에 모자라는 말을 보충하기 위한 보조 수단에 지나지 않는다는 사실을 알게 되면 생각이 조금 달라진다.

우리 한국처럼 형용사의 종류가 다양하지 못하기 때문에 그들은 사물의 색깔까지도 손짓으로 표현하려고 한다. 그것이 도가 지나쳐 말과 손짓 사이에 전달하고자 하는 의도가 전달되었을 때는 상대방으로 하여금 오히려 허황된 느낌을 갖게 해준다. 진실한 맛이 없어지는 것이다. 그러나 손짓을 적당히만 활용하면 대단한 효과를 거둘 수도 있다.

최근 청소년들에게 대단한 인기를 끌고 있는 L이라는 남자 가수가 있다. 대학가요제에서 금상을 수상한 경력이 있으니만큼 가창력이 매우 뛰어난 가수이다. 그러나 그가 대중에게 크게 어필한 것은 그의 뛰어난 가창력 때문만이 아니라 노래를 부를 때의 독특한 개성 덕분이다.

그가 노래를 할 때의 모습은 기도하는 모습과 흡사하다. 눈을 지그시 내리감고 손을 합장해서 마이크를 싸안듯이 하고 기도하는 자세로 진지하게 노래하는 모습은 어설픈 제스처로 외국 가수의 흉내를 내는 가수들에 비해 확실히 다른 느낌을 준다. 한결 진실해 보이는 것이다. 거기다가 가창력 또한 일품이니 금상첨화가 아닐 수 없다.

언젠가 L 군이 라디오 대담 프로에 나온 적이 있었다. 아나운서가 물었다.

"L 씨는 노래를 할 때 기도하는 것처럼 하는데 무슨 이유라도 있습니까?"

그러나 L 씨의 대답은 전혀 의외였다.

"아뇨, 이유는 없습니다. 단지 노래를 할 때 손의 처리 문제가 가장 골칫거리라, 궁리하던 끝에 그 자세가 가장 자연스러울 것 같아 그렇게 한 것뿐입니다."

얼마나 자연스런 대꾸인가.

인기인이란 대중에게 어필하기 위해 별의별 수단을 다 강구해야만 한다. 인기를 위해서라면 거짓말도 서슴지 않고, 없는 스캔들을 조작해 내기도 한다. 그런 형국이니 다른 사람 같으면 노래 부를 때 기도하는 자세를 취하는 건 정말 기도하는 심정으로 노래를 부르기 때문이라고 대답했을 것이다. 그것을 L은 솔직하게 대답한 것이다.

은연중에 풍기는 그의 그 같은 솔직성 때문에 그는 점점 더 대중에게 인기를 끌고 있는지도 모른다.

설득 역시 마찬가지이다. 솔직하고 진실한 태도는 상대방을 감동시킨다. 굳게 잠긴 상대방의 마음문을 여는 것은 허위와 거짓으로 위장된 미사여구가 아니라 진실인 것이다. 진실성이 바로 설득의 열쇠가 된다.

03_설득 말솜씨란 둘이 하는 게임이다

 지금은 자취를 감추었지만 20년 전에는 떠돌이 약장수들을 심심치 않게 볼 수 있었다. 규모가 다소 큰 약장수들은 악사들을 대동하기도 했다. 그러나 대개는 묘기사를 한 사람 고용하거나 진기한 동물을 눈요깃거리로 제공해서 사람들의 시선을 집중시킨다. 그런 다음 본론의 약장사를 시작하는 것이다.

당시, 약장수들은 거의가 그룹을 지어 다녔다. 그들 중에는 입담 좋은 사람이 한 명 있고 사람들을 불러 모으는 바람잡이가 여러 명 있게 마련이다.

여기서 말하고자 하는 것은 약장수들의 규모가 아니라 많은 사람을 불러 모아 결국엔 약을 사게 만드는 그들의 놀라운 수완과 설득력이다.

약장수들은 일단 자리를 잡으면 간단한 여흥으로 행인들의 시선을 모은다. 그들 중 바람잡이가 맨 앞에 앉아서 흥미진진해하는 표정으로 진지하게 구경하면서 사람들을 유인한다. 바람잡이의 능숙한 연기에 이끌려 호기심을 느낀 행인들이 하나둘 모여든다. 그래서 행인들이 적당히 모이게 되면 본격적인 쇼로 들어간다.

'거리가 너무 멀어서 뒤에 계신 분들이 잘 보이지 않으니까 이곳까지 다가오십시오.'

약장수가 무대를 좁혀서 둥글게 선을 그어 놓으면 먼저 맨 앞에 있던 바람잡이가 앞장서서 그 줄까지 다가간다. 구경꾼들도 바람잡이를 따라 앞으로 나간다. 이렇게 해서 들어선 구경꾼이 많아지면 웬만해서는 흩어질 염려가 없게 된다.

그리고 이제 서서히 물건을 팔려고 하는데 구경꾼이 자리를 뜨려고 하면 재빨리 손을 쓴다.

'여러분, 지금 이 속에 희한한 소매치기가 두 명 있습니다. 오랫동안 이 장사를 하다 보니 나는 누가 소매치기인지 금방 알 수 있습니다. 주머니를 주의해 주십시오. 지금 이 속에서 빠져 나가는 사람이 바로 소매치기입니다.'

이렇게 못을 박아 놓으면 모였던 사람들은 꼼짝할 수가 없다. 섣불리 일어섰다간 소매치기 취급받기 십상이다. 그래서 싫더라도 주위가 산만해질 때까지 기다리는 수밖에 없다. 그 순간을 틈타 약장수는 재빨리 상품 홍보를 하고, 바람잡이가 사는 시늉을 하고, 한 번 써봤더니 효험이 있더라는 식으로 옆 사람에게 바람을 넣어 여기에 어리숙한 사람들이 걸려들어 물건을 사게 한다.

이처럼 기발한 상술 또한 설득력의 중요한 요소가 된다. 그러나 잔꾀는 어디까지나 잔꾀로 끝나야 한다. 한두 번의 기발한 솜씨가 먹혀들었다고 해서 그것을 설득의 왕도인 것으로 착각해서는 안 된다. 설득은 어디까지나 진실을 바탕으로 해야 한다. 거리의 약장수들이 그처럼 빨리 위기를 맞은 것도 진실성이라고는 전혀 없이 잔꾀의 기발한 센스만을 앞세운 결과이다. 그러나 경우에 따라서는 진실이 먹혀들지 않을 때도 있다. 그럴 때 필요한 것이 낚시의 원리를 응용하는 일이다.

흔히 낚시꾼들은 고기를 잡기 위해서 고기가 있을 만한 곳에 낚

싯밥을 던진다. 낚시꾼은 고기의 입에 직접 낚싯바늘을 걸 수는 없는 일이다. 다만 고기가 바늘에 꿰인 미끼 근처로 모이도록 유인한다.

가령 당신이 진실한 태도로 의견을 제시했는데도 상대방이 그 의견을 받아들이지 않을 경우도 있다. 이럴 때 당신은 혹시 실망한 표정을 짓거나 하지는 않았는지? 이래서는 안 된다. 소신과 끈기를 가지고 상대가 납득할 때까지 의견을 피력해야 한다.

'바로 이것입니다.' 하는 것보다는 '이렇게 좀 생각해 보셨습니까?' 하는 것이 좋다. 그리고 또 '우리가 하려고 하는 일이 바로 이것입니다.' 하는 것보다는 '이 일을 하면 어떻겠습니까?' 라고 의견을 우회해서 상대방의 동의를 구하는 식으로 제안하는 것도 좋다.

상대방을 설득하려는 욕심에 일방적으로 자기 의견만 내세울 수는 없다. 상대방은 자신의 견해를 버리고 내 뜻에만 따라주는 것은 결코 아니다. 다시 말해 설득이란 나 혼자만의 게임이 아닌 것이다.

상대방과 동등한 입장에서 각자의 자기 본위, 또는 자기중심의 이해에 관한 유리한 타협을 관철시키면서도 결국은 양측이 모두 만족할 수 있는 공통점을 추구해 나아가는 과정이다. 설득의 목적과 승패는 결국 자기의 주장을 얼마만큼 효과적으로 관철시키느냐에 있다. 또한 상대에게 나의 진실을 엿보이거나 아니면 감춘다 하더라도 상대가 나의 설득에 얼마만큼 감화되어 자발적으로 호응하도록 하느냐에 그 승패가 달려 있다.

타인을 설득하는 데 있어 또 하나 빼놓을 수 없는 것은 상대방의 의견을 최대한 존중해야 하는 점이다. 자기 의견이 존중될 때 사람은 누구나 자연히 우월감을 느끼면서 기분이 좋아지게 된다. 따라서 상대방에 대해 너그러워지며 처음에 가졌던 경계심도 풀려 매우 긍정적인 자세가 되기도 한다. 이럴 때가 바로 절호의 찬스인 것이다.

즉, 그 순간을 틈타 자기 의견을 정확히, 진지하게 제시하면서 설득을 해야 한다. 그것이 바로 처세를 잘하는 요령이다. 한 예로, 백악관 대변인이었던 '톰 리드' 씨는 남을 설득하는 데 매우 재주가 있는 사람이었다. 그는 분과위원회에서 모든 위원들의 발언이 끝날 때까지는 묵묵히 듣고만 있는다. 그리고 더 이상 발언할 사람이 없을 때 비로소 일어나 다음과 같이 말한다.

'위원 여러분, 여러분이 지금까지 말씀하신 것을 요약해 보면 대략 다음과 같습니다……'

이런 식으로 우선 위원들의 의견을 종합해서 피력한다. 그런 다음 자기 의견을 털어 놓는 것이다. 물론 중복이 되는 부분은 생략하고 전혀 새로운 의견만 제시하니까 효과가 있게 마련이다. 그런데다 다른 사람들의 의견을 이미 모두 경청한 후라 자기 의견을 제시하는 데 있어 그만큼 시간적인 여유가 있으니까 미비한 부분을 수정할 수 있다고 하는 이점이 있다.

영화감독 '털리 니콜' 씨는 자신이 방금 촬영한 장면이 마음에 들지 않았다. 그 장면을 다시 찍기 위해 그는 주연 배우인 '로사린도 러셀' 양에게 다음과 같이 말했다.

'참 잘 되었소. 그런데 내가 러셀 양의 얼굴을 자세히 살펴보니 저 장면이 마음에 안 들어서 다시 한 번 촬영했으면 하는 표정이던

데 러셀 양의 생각대로 다시 한 번 해보지. 어때요?'

배우라면 누구나 자기가 출연한 영화의 흥행 성공을 위해서는 같은 장면을 한 번 아니라 열 번이라도 반복해서 찍을 각오가 되어 있다. 여배우가 누드 촬영을 불사하는 것도, 남자 주인공이 실감나는 장면을 촬영하기 위해 고층 빌딩에서 뛰어내리는 것도 다 그와 같은 인기욕에 의해서이다. '털리 니콜' 씨는 그 심리를 적절히 이용한 사람이다.

'안 돼, 틀렸어. 그런 식의 연기로는 어림없어. 다시 촬영해!' 하는 식으로 말하는 것보다는 분명히 효과 있는 방법이라 하겠다.

같은 말도 직설적인 표현으로 하면 상대방의 감정을 자극시키게 된다. 그래서 상대를 설득할 때 사용하는 말은 부드러우면서 논리 정연해야 한다. 겉으로는 부드럽게, 그러면서도 그 속엔 확실한 의미가 담겨 있는 가장 합리적이면서도 타당한 내용이어야 한다.

04_설득 말솜씨의 진정한 뜻은 무엇인가

사례로써, 설득에 성공한 대표적인 이야기는 《삼국지》에 등장하는 유비劉備의 삼고초려三顧草廬를 꼽는다.

여기서 삼고초려란 천하통일의 대망을 품은 유비가 제갈량諸葛亮을 모사謀士로 맞이하기 위해 제갈량이 거주하고 있던 융중隆中 땅 와룡강臥龍江까지 먼 길을 세 번이나 찾아가서 드디어 그의 뜻을 이루어 냈다는 이야기다.

유비가 두 번째로 융중 땅을 찾았을 때 그는 사흘 동안 목욕재계하고 몸가짐을 단정히 하며 세심한 주의를 기울였던 것으로 보아 제갈량을 설득하기까지는 상당한 기간이 소요되었던 것 같다. 그러나 그토록 정성을 다한 그의 두 번째 시도도 헛수고가 되고 말았다. 그때도 제갈량은 출타 중이었던 것이다. 유비는 다시 집으로 돌아와 버리고 말았다. 보통 사람 같았으면 화를 내고 다시는 제갈량을 찾지 않았을 것이다.

그러나 유비는 결코 그러지 않았다. 세 번째는 몸가짐을 확실히 한 후 제갈량을 찾았다. 그리하여 마침내 제갈량의 마음을 사로잡을 수 있었던 것이다. 제갈량은 그의 진실 된 마음에 감복하여 결국 그는 군신의 관계를 맺고 모사가 되기로 작정했다고 한다.

사례로, M 자동차 주식회사는 M 씨의 단독 자영업체다. 오늘날 그의 이 같은 사업도 본래는 자동차 세일즈라고 하는 전직에서 출발한 것이다. 그가 세일즈맨이었던 시절 어느 날, 자동차를 판매하기 위해 어느 중소기업을 찾아갔다.

그러나 그의 설명을 끝까지 다 듣고 난 그 중소기업 대표는 자기가 바라던 차종이 아니라는 이유로 구매를 거절했다. M 씨는 본래 끈질긴 사람이었다. 한 번의 거절로 물러설 사람이 아니었다.

'물이 마시고 싶어서…….' '화장실을 이용하고 싶어서…….' 등등 갖가지 이유를 내세워 그 중소기업을 찾았고, 그때마다 사장실로 찾아가 사장에게 인사를 했다.

그렇게 하기를 1년 여 동안 드디어 사장도 두 손을 들고 말았다.

'당신의 끈기에 놀랐소. 내가 졌소. 당신에게 승용차를 사기로 하지.'

그러한 열정과 끈기가 있었기 때문에 M 씨는 이후 자동차 판매 업계에서 큰 성공을 거둬 드디어 H 자동차 주식회사의 독자적인 경영주가 된 것이다.

그러나 지금과 같이 스피드 시대에, 앞서 소개한 유비와 M 씨와 같은 방법이 반드시 잘 적중된다고 볼 수만은 없다. 인재를 스카 우트하기 위해 사흘 동안 목욕재계하고 정성을 들인다든가 차를 한 대 팔기 위해 1년 동안 치밀한 작전 계획을 세울 시간적인 여유 가 없다.

지금은 조금 떨어진 곳에 가는데도 차를 타고, 빌딩의 2 - 3층에 올라가는 데도 꼭 엘리베이터를 이용한다. 보다 빨리 목적을 달성 하지 못해 초조해하는 것이 바로 스피드 시대를 살아가는 현대인들 의 특징이다.

과거 같으면 신문 · 잡지를 읽고 있으면 최신 정보를 접할 수 있 었다. 그러나 오늘날에는 인터넷 · 신문 · 주간지나 넘쳐나고 있으 며 멀티미디어 영상 매체가 범람하고 있는 실정이다. 그리고 상품 의 라이프 사이클도 매우 짧아져 텔레비전, 냉장고, 오디오, 자동차 등도 1년이 멀다 하고 모델을 바꾸어 몇 개월 전에 샀던 물건은 순 식간에 낡은 구식이 되어버린다.

텔레비전 방송도 그렇다. 시시각각 광고가 나온다. 그리고 금방 본 드라마와는 전혀 관계없이 상품 소개가 되는 것을 보게 된다. 광 고를 하는 데 있어서도 불과 몇 초 이내의 스피드 타임에 자기 회사의 이미지를 최대한 인상 깊게 부각시키려고 온갖 지혜를 다 짜내고 있다. 주위 환경의 변화에 따라 우리 인간의 사고방식도 어쩔 수 없이 그곳에 맞추어야 한다. 설득 역시 이와 마찬가지이다.

현대인의 바쁜 사람들을 붙들고 무한정 늘어질 수는 없다. 스피드 감각 의식에 젖어 있는 현대인에겐 본론만 이야기하기도 시간이 모자랄 정도다. 그런데 본론은 꺼내지도 않고 뜸을 들이느라 말(대화)을 빙빙 돌리면 상대방은 짜증을 낸다. 상대방이 기피하는 안색을 나타내기 시작하면 설득은 일단 실패하게 된다. 따라서 설득을 할 때의 요령은 이야기를 간단명료하게 해야 한다는 점이다. 결정권은 일단 상대방에게 있는 것이니만큼 상대방이 결정하기 좋도록 요점만 간추려 간단히 전달해야 한다.

시중의 상점 중에 외국인 전용 매점이라는 것이 있다. 우리나라를 찾는 외국인들을 위해 질 좋은 국산품을 전문으로 파는 상점이다. 처음 우리나라에 오는 관광객들을 명동이나 남대문, 동대문 시장으로 안내한다면 그들은 분명 혼란을 느껴 쇼핑을 제대로 못 할 것이다. 상품의 가짓수도 헤아릴 수 없이 많거니와 말도 잘 통하지 않아 구매를 하는데 애를 먹을 것이 뻔한 일이다.

이점을 감안해서 외국인을 위해 그들 전용 매장을 설치한 것이다. 외국인들은 굳이 혼잡한 시장을 돌아다닐 필요 없이 한 군데에서 쇼핑을 할 수 있어 시간도 절약되고 질 좋은 상품을 구입할 수 있어 일거양득이다.

이것 역시 핵심만을 모아 상대방을 설득시키는 요령과 매우 흡사한 상술이라 할 수 있다. 요점만 간추린다는 것은, 즉 전체 내용을 짧게 압축시킨다는 것과 같은 뜻이다. 전체 내용을 길고 지루하게 늘어놓는 것보다 호소력이 있을 뿐 아니라 설득력 또한 강하다는 이점이 있다.

그러나 요점만 간추려 이야기한다고 해서 딱딱하고 무미건조한 스피치가 되어서는 곤란하다. 예로, 음식에 맛이 있어야 하듯이 이야기에도 재미가 있어야 한다. 즉, 유머·위트가 있어야 한다는 것이다. 때와 장소에 적절한 재치 있는 유머와 위트는 분위기를 편하고 부드럽게 해줌으로써 상대방의 긴장을 풀어주는 효과가 있다.

그러나 유머를 억지로 만들어 내려고 하면 유머가 변색되고 오히려 어색한 분위기가 연출되기 쉽다. 천성적으로 유머 감각이 뛰어난 사람이 아니라면 오랜 연습을 거쳐야 비로소 자연스런 유머의 연출이 가능해진다. 그러나 간단한 재치는 적은 노력으로도 누구나 가능해진다. 예로, 저녁밥이 늦어지자 기다리다 못한 남편이 부인에게 소리쳤다.

"여보, 아직 밥 준비 안 됐어? 너무 배가 고파 식당에 가서 먹고 오든지 해야지, 원…… 쯧쯧."

"죄송해요. 5분만 더 기다려줄 수 없어요?"

"5분으로 저녁 준비가 끝날 수 있겠어?"

"아니오. 저도 함께 나가서 먹으려고요."

유머·재치·위트란 일상생활의 평범한 소재에서 조금만 발상을 새롭게 하면 얼마든지 찾을 수 있다. 유머·재치는 훈련을 쌓아감으로써 자연스레 향상되게 마련이다. 재미있는 소재나 이야기가 있으면 항상 메모해 두도록 한다.

그리고 그것들을 대화의 흐름에 맞게 각색해서 자주 사용하는 것이다. 칼도 자주 사용해야 녹이 슬지 않듯이 재치 역시 자주 사용해야만 빛을 낼 수 있다. 그리고 그것이 완전히 몸에 배게 되면 당신은 말솜씨가 익숙해져서 남을 설득할 때 상대방을 지루하지 않게, 그리고 슬기롭게 설득할 수 있는 기술을 향상할 수 있다.

05_설득 말솜씨, 상대방의 관심에 초점을 맞추라

 사례로, 그리스 철학자 소크라테스는 사람을 설득하는 기술에 있어서도 동서고금을 통해서 최고라는 평을 받고 있다. 그는 상대방의 잘못을 지적하여 자존심을 상하게 하는 일 따위는 결코 하지 않았다. 소위 '소크라테스식 문답법'이라고 해서 그는 남을 설득하는 법을 후세 사람들에게 남겨 놓고 있다.

'소크라테스식 문답법'의 원리는 매우 간단하다. 상대방으로부터 '예스.'라는 대답을 얻는 데 초점을 맞추고 있는 것이다. 먼저 상대로 하여금 '예스.'라고 대답할 수밖에 없는 질문을 한다. 다음 질문에서도 역시 '예스.'라고 대답하게 하고, 결국 질문을 던질 때마다 '예스.'로 대답하지 않으면 안 되게 만드는 것이다. 그의 유도 작전에 자신이 넘어가고 있음을 눈치 챘을 때는 이미 모든 질문에 대하여 자신도 모르게 '예스.'라고 대답해 버린 뒤이기 때문에 체면상 대답을 번복할 수가 없게 된다.

그것이 바로 '소크라테스식 문답법'에 입각한 설득법이다. 그러나 그건 소크라테스가 살았던 BC 3세기경의 일이다. 그때와 지금을 비교한다고 하는 건 전혀 무의미한 일이다. 소크라테스가 살았을 당시에 비해 지금 사람들은 훨씬 영악하게 변해 버린 것이다.

그러나 그 근본 원리만은 현대인의 설득법과 다를 것이 하나도 없다. 다시 말해 '노.'라고 할 수 없게끔 사람들의 심리를 교묘하게 이용하는 법에 있어서는 오늘날에도 변함이 없는 것이다. 상대방으로 하여금 '노.' 대신 '예스.'로 계속 대답할 수 있게 하기 위해서 어떤 방법이 적절할지 여러 가지로 생각할 수 있다.

평소에 많은 호의를 베풀어 줌으로써 웬만한 부탁은 체면상 차마 거절하지 못하게 하는 방법도 있을 것이고, 말솜씨를 교묘하게 이용, 상대방의 말꼬리를 물고늘어져 설득을 당하지 않으면 안 되게끔 만드는 경우도 있을 것이다. 어차피 그 결과에 있어서는 다를 바 없다 하더라도, 그러나 후자보다는 아무래도 전자 쪽이 훨씬 인간적이고 신사적인 방법일 것이다.

후자의 경우는 비록 설득을 당했다 하더라도 말꼬리를 잡힌 자기 실수에 편승한 것이기 때문에 개운한 기분이 아닐 것이다. 뭔가 모르게 꺼림직하면서도 불만족한 느낌을 받을 것이다. 그러나 전자는 그렇지 않다. 매우 인간적인 방법이기 때문에 설득을 당하면서도 기분이 좋을 것이다.

예로, '데이도어 루즈벨트'의 저택을 한 번이라도 방문한 적이 있는 사람은 누구나 그의 박식함에 경탄을 금치 못했다고 한다. 상대가 카우보이이건, 외교관이건, 의사이건, 하인이건 상관없이 그는 항상 그에 맞는 화제를 풍부하게 갖고 있었다.

그렇게 해서 상대로 하여금 지루하지 않게 해줌으로써 누구에게 나 그를 가까이 하고 싶은 인상을 갖게끔 했다고 한다. 그처럼 많은 사람에게 평소부터 호감을 받았기 때문에 그가 대통령에 출마하자 너도 나도 자청해서 그의 선거 운동원이 되겠다고 나설 정도였다. 결국 그는 미국 대통령에 당선되었다.

대통령이 되고 나서도 빈부의 귀천을 가리지 않고 누구에게나 베 푸는 그의 친절함은 변함이 없었다. 상대의 직업에 맞춰 화제를 골 라 이야기하는 배려도 그대로 갖고 있었다. '루즈벨트'는 누가 자 기를 찾아올 것을 알면 그 사람이 특히 관심을 가지고 있는 문제에 관한 책을 그 전날 밤 늦게까지 서재에서 찾아보는 등 성의를 다해 연구했다고 한다. 모든 사람에게 호감을 사는 그의 철학은 매우 단 순했다. 즉, 상대방이 가장 관심을 가지고 있는 문제를 화제로 삼는 것이라는 것이다.

또한 세계적으로 유명한 '윔피' 제과점의 경우도 유명한 사례가 될 수 있다.

'윔피' 제과점에서는 오래전부터 뉴욕에 있는 어느 호텔에 '윔 피' 제과점 빵을 납품시켜 보려고 애를 쓰고 있었다. 그래서 실무 담당자가 무려 몇 년 동안이나 그 호텔 지배인을 찾아 다녔다. 지배 인이 출석하는 모임마다 자리를 함께했고, 그 호텔의 손님으로 투 숙해 보기까지 했다. 그러나 결과는 모두 허사였다.

드디어 나는 궁여지책으로 인간관계의 연구를 시작했다. 즉, 전략을 바꾸 기 위해서였다. 호텔 지배인이 무엇에 관심을 가지고 있는가, 어떤 일에 몰두하고 있는가를 조사하기 시작했다. 그 결과, 그가 아메리카호텔협회에 관계하고 있음을 알아냈다. 그것도 평회원이 아닌 뉴욕협회 회장이자 국제호텔협회의 회장이었다. 두 기관의 회장을 동시에 겸하고 있었던 것이다. 협회대회가 어디에서 개최되든 그리고 매우 먼 곳이라도 꼭 찾아가서 참석하는 열성파였다. 그래서 다음 날 담당자는 그를 만나 협회 이야기를 꺼냈다. 그러자 곧 반응이 왔다. 눈에 열기마저 띠면서 30분 동안이나 계속해서 협회 이야기를 떠들어대는 것이었다. 협회를 육성시키는 것이 그로서는 더할 나위 없는 기쁨이었고, 정열의 원천이었다. 그가 협회에 관해 이야기하는 동안 담당자는 빵에 대해서는 단 한 마디도 하지 않았다. 그런데 며칠 뒤 호텔의 구매 담당자로부터 전화가 걸려왔다. 빵의 견본과 가격표를 가지고 와보라는 것이었다. 호텔에 들어서자 구매 담당자는 '당신이 무슨 수단을 썼는지 모르지만 지배인이 당신을 굉장히 마음에 들어 하는 것 같아요.'라고 담당자에게 귀띔해 주었다고 한다.

이것은 상담을 성공시킨 '웜피' 담당자의 회고담이다.

누구를 막론하고 자기가 특별히 관심을 갖는 문제가 있는 법이다. 그것이 무엇인가를 신속히 파악해서 거기에 초점을 맞추는 것이 바로 설득의 기본 원칙이다. 이것은 상대방으로부터 호감을 사는 길이 되는 동시에 설득으로 이어지는 지름길 역할을 해주기도 한다. 공동의 관심사를 가지고 대화를 나누는 동안에 매우 자연스럽게 합의점에 도달할 수 있게 된다.

chapter 10

일본, 혼다 사장의
3분 스피치 사례

01_사람을 육성하는 말솜씨

◇ 대체로 우수하다고 하는 사람은 자신이 좋아하는 일을 하여
성공하는 것을 말합니다. 모든 일에 철저히 몰두할 수 없는 인
간은 개발자로는 성공하지 못합니다. 나의 경험에 의하면 아
무리 소재素材가 좋을지라도 본인이 싫어하는 일을 해서는 절
대로 좋은 작품이 창조되지 않습니다. 경영자에게 가장 중요
한 일은 각 사원이 생동감 있게 일할 수 있도록 좋아하는 일을
부여하는 것입니다.

◇ 무슨 일이든 자신이 제일 강하다는 뜻의 감정을 표면에 노출
시키는 인간은 매력 없고 부질없는 인간입니다. 즉, 그렇게 되

면 주위가 위축되어버리는 것입니다. 회사 내에서도 부하 직원 가운데 우수한 사원이 있으면 그에게 부탁해야 한다는 것이 나의 견해입니다. 부하들은 자신의 견해(생각)가 상사의 생각보다도 우수하다고 인정받게 되면 의욕과 자신감을 갖게 되는 것입니다.

◇ 젊은 사원들이 나의 이야기를 듣고 자발적으로 움직여주는 것은 '아! 미안스럽다.'고 하는 솔직한 태도 때문입니다. 사람을 움직일 수 있는 사람은 타인의 기분이 되어줄 수 있는 사람입니다. 상대방의 숫자가 적든 많든 그 사람들의 기분(입장)이 되어주는 것이 사람을 움직이는 비결입니다. 또한, 타인을 움직일 수 있는 사람은 자신의 생활과 비판이 정확한 사람입니다. 고뇌와 역경을 맛보지 못한 사람은 타인을 진정으로 움직이지 못합니다. 그리고 타인을 움직일 수 있는 전제 조건은 타인으로부터 호감 받아야 하는 것입니다.

◇ 혼잡하고 협소한 길을 통과하려고 하는 자의 입장에 서봐야 통과 방법을 알 수 있습니다. 우리들은 원래 자기 멋대로 사물을 관찰하고 평가하고자 합니다. 하나의 문제점을 놓고 토론을 벌이는 경우에도 그것에 대한 사람들의 견해는 다양해지기 마련입니다. 일(업무)이나 놀이 그리고 가정생활에서도 그렇지만 우리들의 일상은 모두가 타인과의 상호 관계로 성립되고 있습니다. 사물(문제)을 능숙하고 원활하게 해결하기 위해서

는 그 상호 관계가 원만해야 하는 것입니다. 따라서 상대방의 기분을 알고 상대를 이해하려고 노력하지 않으면 진정한 마음으로부터의 협력은 얻을 수 없는 것입니다. 그 때문에 항상 상대방의 입장에 서서 사물을 고찰하는 매너가 중요합니다.

예를 들면, 차를 운전하면서 보행자의 입장에 서보면 운전은 보행자에 대해 느낌이 좋은 쪽으로 변할 것입니다. 이런 점에서 이쪽이 나쁘면 나쁜 인간들이 모이게 되는 것입니다. 따라서 이쪽이 신용함으로써 비로소 신용 받게 된다고 하는 철학을 강조하고 싶습니다.

◇ 우선 위에 있는 사람이 내려와 모두 함께 오르고자 노력하지 않으면 안 됩니다. 어떠한 회사를 막론하고 상층부가 존재하기 마련이며, 밑에 있는 사람이 위로 올라가기 위해서는 대단한 노력을 해야만 합니다. 인간 모두가 평등한 위치에 서기 위해서는 한두 사람이 아닌 모든 사람이 오르지 않으면 안 됩니다. 그러나 한 사람도 남김없이 모두가 오른다는 것은 매우 곤란한 일입니다. 한편, 위의 사람이 밑으로 내려온다는 것은 비교적 쉬운 일입니다. 만약 능력 있는 사람이 대중의 중간에 서게 된다면 그 능력은 누구로부터도 인정받게 됩니다. 그는 자연스럽게 사람들로부터 지도자로 선발되어 그 능력을 최대한으로 발휘할 수 있게 될 것입니다. 이런 점에서 우선 위에 선 사람이 밑으로 내려와 모두가 함께 올라갈 수 있는 노력을 하지 않으면 안 됩니다.

◇ 인간은 음식만으로는 움직이지 못합니다. 아무래도 '납득納得'이라고 하는 요소가 필요하며 그 핵심은 철학적인 요소라고 할 수 있습니다. 종교를 비유하지 않더라도 누가 들어도 '응! 그래, 그렇고말고!'라고 납득할 수 있을 정도의 논리나 철학을 갖추지 못한 상급자(상사)는 수십, 수백, 수만 명의 사원을 이끌 수가 없습니다. 개나 말은 먹이를 주게 되면 인간의 말을 잘 듣지만 인간은 먹이(음식)만으로는 움직여주지 않습니다. 이런 점에서 '설득과 납득'이라는 요소가 필요하게 됩니다. 일본 가전 메이커의 TOP 마쓰시다 회장도 '마쓰시다 경영 철학'을 창조하기까지는 상당한 진통을 겪었다고 합니다. 누구를 막론하고, 인간은 역경을 돌파하지 않고는 성공을 거두기가 곤란한 것입니다.

◇ 사원 교육이란 것은 별도로 진행할 필요는 없다고 봅니다. 일하는 것 그 자체가 사원 교육이 아닙니까? 우리 회사는 모두 나보다 높은 고등교육을 이수한 사원들뿐입니다. 초등학교를 나온 사람은 나와 부사장뿐입니다. 따라서 초등학교 출신이 대학을 졸업한 사람들을 교육한다는 것은 아무래도 이상하다고 봅니다. 따라서 일(업무) 자체가 교육이기 때문에 일을 통하여 배울 일이지 별도의 교육은 불필요하다고 생각합니다. 흑판을 설치하고 가르치는 것은 선생님들이 해주기 때문에 재차 그러한 교육을 할 필요는 없지 않습니까? 그보다도 보다 중요한 것은 톱(TOP)의 자리에 선 사람이 언제나 올바른 자세를

유지하는 것이라고 생각합니다. 따라서 톱의 자리에 있는 사람이 올바르다면 구태여 교육할 필요가 없는 것입니다. 나는 묵묵히 있어도 좋기 때문에 오로지 올바른 일만을 하고자 합니다. 이것이 바람직한 교육이 아니겠습니까?

◇ 열심히 일하고 성실하게 타인과 교제하는 자세가 모든 사람을 매료시키게 됩니다. '혼다 씨를 존경하는 것은 천재적인 기술자이기 때문이 아닌 열심히 타인과 사귀는 점에 있습니다.' 라고 피력한 사람은 혼다기연의 부사장 카지마 씨였습니다.

02_유대 관계를 강화하는 말솜씨

◇ 인간에 대해 중요한 것은 결코 학력이 아니라 타인으로부터 사랑받으며 진정한 의미의 협력을 얻을 수 있는 덕망을 쌓은 사람입니다. 인간이라고 하는 것은 재미있는 동물로 언제나 흰 것〔白〕을 희다고 하면 반드시 그렇게 믿어주지 않습니다. 마음으로부터 협력해 주는 사람은 흰 것은 희다고, 검은 것은 검다고 말해 줍니다. 그러나 왠지 협력해 주고 싶지 않다고 생각하는 사람에게는 흰 것을 검다고 말하게 되는 것입니다. 여하튼, 모든 일은 협력을 얻을 수 있느냐 없느냐에 따라 동일한 일을 하는 경우에 있어서도 그 차이는 현저하게 나타납니다. 그것이 곧 인간 사회인 것입니다. 따라서 진정 인간 사회에서 중요한 것은 학력이 아닌 모든 사람들로부터 협력을 얻을 수 있는 덕망을 쌓는 일입니다.

◇ 우정이라고 하는 것은 인간 감정 속에서 가장 세련된 그리고 가장 순수하며 아름다운 것이라고 생각합니다. 우정을 교환할 수 있는 친구가 있다고 하는 것은 그 사람의 인생에 대해 매우 큰 플러스가 됩니다. 우정은 자신의 성격이나 기질에서 없는 것을 가진 사람이 출현했을 때 비로소 성립되는 정(인연)입니다. 이는 서로 간에 지니지 못한 특성에 매료되어 서로 흡인함으로써 우정이 싹트게 되는 것입니다.

◇ 부부는 가장 다종다양한 비밀을 공유하는 인간관계입니다. 진정한 친구 관계와 유사한 것이 곧 부부 관계라고 생각합니다. 인생의 행복을 지탱하는 큰 요소의 하나로 인간관계가 있습니다. 이것이 없었다면 실로 인생은 무미건조한 것이 아니겠습니까? 나는 인간관계의 가장 기본적인 것이 부부 관계이며 또한 가장 세련된 것이 우정이라고 생각합니다. 두말할 나위 없이 인간관계를 지탱하는 것은 상호 간의 사랑이며 신뢰이며 존엄일 것입니다. 나는 이것을 한마디로 비밀을 지키는 단계(일)라고 생각합니다. 왜냐하면, 그것이 사회의 규칙이나 인간의 포럼에 위반되는 내용의 비밀이라면 별로이지만, 그것이 아닌 한 비밀을 지킨다고 하는 행위 속에 그 사람의 인격 요소로 되어 있는 여러 가지 심적인 요소가 내포되어 있다고 보기 때문입니다. 이런 점에서 부부는 가장 다양한 비밀을 공유하는 인간관계라고 할 수 있습니다.

◇ 새롭게 큰일을 성취했다는 것은 연구와 노력의 과정에서 99퍼센트의 실패가 뒷받침해 준 결과라고 봅니다. 혼다는 항상 시대를 선도하여 왔습니다. 그 중심은 곧 젊은 여러분이 있었기 때문입니다. 21세기는 새로운 가치관, 기업과 사회와의 관계에 대한 보다 신선한 감각과 경영을 필요로 하고 있습니다. 또한 앞으로는 기업의 사회적 책임과 지구를 단위로 한 자연환경 보호의 목소리가 높아질 것입니다. 따라서 회사 조직도 젊은 활력, 젊은 감각이 필요한 시대가 오고 있는 것입니다.

03_젊은 사원을 사로잡은 말솜씨

◇ 나는 세상에서 말하는 '나쁜 자식'에게 기대를 걸고자 합니다. 왜냐하면 그러한 자식이야말로 가능성이 충분한 진정한 의미의 '좋은 자식'이기 때문입니다. 즉, 타인의 안색만을 살피며 자신 속으로 위축되어 살아가는 인간은 변화무쌍하는 현대에는 통용되지 않습니다. 무엇보다도 젊은이다운 용기를 갖고 다양한 경험을 쌓으면서 시야를 넓혀두는 일이 중요합니다. 또한 사회에는 그 사회를 유지하기 위한 법이 있으며 질서가 있습니다. 그것을 지키지 않으면 안 됩니다. 자신의 생명, 재산, 자유가 존중되기 위해서는 타인의 그것을 존중해야 하는 것입니다. 권리를 자각하여 의무를 다해야 합니다. 그리고 이것을 전제로 한 행동에도 책임을 지지 않으면 안 됩니다.

자신의 과오에 대한 이유를 절대로 타인에게 추궁해서는 안 됩니다. 어떠한 경우든 자신의 행동은 자신의 의지로 책임지는 인간이 되어야 합니다. 또한, 주위로부터의 어떠한 압력이 있을지라도 자신의 의지에 반하는 제안이면 확고하게 거절(거부)할 수 있는 용기를 지닌 인간이 되어야 합니다. 이러한 기본적인 견해를 숙달하는 곳에서 행동의 자유 한계를 느낄 수 있는 양식이 창출되는 것입니다. 양식이 수반되지 않는 '젊은 청춘'이란 때로 야수와 같은 쌍칼의 검이라 할 수 있습니다. 여하튼 '젊음'이란 충동만으로 귀중한 에너지를 헛되이 폭발시켜서는 안 됩니다. 현장을 정확하게 판단하고 장래의 전망을 명확하게 세워 자신의 스태미너를 적절히 배분하는 것이 중요합니다. 이를 위해서는 학문도 필요할 것이고 풍부한 식견도 필요할 것입니다. 또한 경험의 지혜도 중요합니다. 용기도, 결단력도, 실행력도, 그리고 인내력도 없어서는 안 됩니다.

◇ 비가 내리고 태풍이 불어야 대지에 뿌리를 내리게 되는 것입니다. 훌륭한 나무로 기르지 않으면 안 되는 것이 인간 교육이라고 생각합니다. 예로, '분재인간盆栽人間'과 같은 인간 교육이 되어서는 곤란합니다. 나는 젊은이들을 이와 같이 성장시킨 어른들에게 그 책임을 추궁하고 싶습니다. 과보호주의를 지향하는 부모들은 자녀 스스로가 해야 할 일까지도 자신들이 모두 해치워 버립니다. 이것이야말로 '분재육성법'이 아닐 수 없습니다. 또한, 부모들은 아침 일찍부터 밤에 이르기까지 세수하라, 발은 닦았느냐, 넘어지지 마라, 벌에 물리지 않도록 해라, 날씨가 추우니 감기 조심해라, 공부해라, 놀아라 등등 그 마음 씀씀이는 대단할 정도입니다. 분재는 그렇게까지 하지 않으면 고사해 버리고 맙니다. 인간이 이래서는 곤란합니다. 예를 들어, 상사의 지시인 경우에도 이것이 올바른 지시인가 아닌가를 구별해야 합니다. 이제부터 회사에 몸을 담고자 하는 신입사원 제군에게 강조하고 싶은 이야기가 있습니다. 그것은 다름 아닌 '예스맨이 되지 말 것!'입니다.

윗사람이 지시한다고 하여 무슨 일이든 맹종해서는 곤란합니다. 상사의 지시 내용에서도 분명히 반대해야 할 일은 반대할 수 있는 마음가짐이 중요합니다. 무조건 복종하는 사원만이 존재한다면 회사는 좋게 될 리가 없습니다. 경영자(사장)의 입장에서도 오직 '예스맨'만을 모아 놓고 권위와 위선만을 떨쳐본들 남는 것은 도산뿐입니다. 이런 점에서, 젊은 사람들에게 기대하지 않으면 국가의 존속조차도 위태롭게 되는 것입니다.

◇ 대학을 나왔느냐, 어느 대학이냐는 무의미한 것입니다. 무엇보다 중요한 것은 질質과 양量입니다. 대학 면허증은 소각시켜도 좋은 것입니다. 경영자는 결코 요령주의를 지향해서는 안됩니다. 따라서 대학을 나왔느냐 안 나왔느냐가 중요한 것이 아니라 근로 자세에 대한 질과 양이 중요한 것입니다. 미국에서는 고학력이 아니더라도 능력만 있으면 사장으로 발탁되고 있습니다. 앞으로는 직업소개소에서 사장을 추천받아야 하는 시대가 올 것입니다.

◇ 노인경영자의 할 일은 무엇일까요? 나는 젊은 층의 장점을 발견하고 칭찬하며 육성시키는 일이라고 생각합니다. 경영자는 '자주적, 개성적, 적극적'이라고 하는 견해가 젊은 사원의 마음을 사로잡을 수 있는 것입니다. 혼다는 획일적이고 개성 없는 인간을 싫어합니다. 따라서 세상의 상식에만 집착하여 안주하고자 한다거나 처음부터 모험을 두려워하는 젊은이에게는 아무런 기대도 걸지 않습니다. 초등학교부터 대학까지의 16년 동안 줄곧 100점을 획득, 비록 장학생으로 졸업했다 해

도 '과연, 인생! 이래도 좋은가?'라고 반문하고 싶은 것입니다. 즉, 학교에서는 '커닝'이 곤란하나 인생에서는 100퍼센트의 커닝이 가능한 것입니다.

이런 점에서 젊은이들은 인생을 자주적, 개성적, 적극적으로 살아가지 않으면 안 됩니다. 그리고 '타인의 뒤만을 좇아가지 말 것' '타인의 흉내만을 내지 말 것!'이라는 견해가 '혼다이즘'의 기본이 되고 있습니다. 따라서 혼다는 이러한 의식을 가질 수 없는 인간을 비록 연령이 젊을지라도 '노인'이라고 부르고 있습니다.

04_사원을 분발시키는 말솜씨

◇ 과장, 부장, 사장도 포경, 맹장, 탈장脫腸도 모두 마찬가지입니다. 요컨대 인간의 가치와는 전혀 관계가 없는 것입니다. 내가 무엇보다 싫어하는 것은 인간에게 계급을 붙이는 일입니다. 우리는 나를 포함하여 전원이 사원인 것입니다. 공원工員이라든가, 중역이라든가의 신분의 차이는 한 가지도 없다고 봅니다. 그야말로 모두가 동일한 사원인 것입니다. 일(업무)에 따라 급료의 차이는 있을지언정 권리는 똑같습니다. 따라서 나는 호텔에 묵을 경우는 직업란에 '사원'이라고 쓰고 있습니다. 물론, 프런트에서는 이상한 표정을 짓고 있지만 사원이라는 표현은 틀림이 없습니다. 사장이란 직함이 결코 위대한 명함은 아닌 것입니다. 이런 점에서 과장, 부장, 사장이 모두 같다는 뜻입니다. 물론 명령 계통을 확실히 하기 위해서 지휘 계통은 필요할지 모르나 인간의 가치와는 전혀 관계가 없는 것입니다. 사람(인간)의 위대함이라고 하는 것은 어떻게 해야만 사회에 봉사할 수 있느냐 하는 점입니다. 회사로 말한다면, 회사를 위해 어느 정도의 공적을 쌓느냐 하는 점입니다. 따라서 나는 사장으로서 한 번도 사장 도장(印)을 찍지 않으려 하고 있습니다.

◇ 신용이라고 하는 것은 호감 받는 일, 약속을 지키는 일, 그리고 타인에게 이익을 주는 행위에 해당합니다. 혼다가 세계적

인 기업으로 성장하게 된 것은 다름 아닌 혼다만의 이윤을 추구해 오지 않았고 신용이 있었기 때문입니다. 이렇듯 신용이 있으면 불경기에 직면해도 혼다는 살아남을 수 있는 것입니다. 종업원의 임금에 대하여 자주 문제가 발생하는데 임금이라고 하는 것은 결국은 인간이 정하는 것입니다. 임금을 고려할 때는 과연 동업자는 어떤가, 그 지역에서는 어떤가, 또한 국가 전체의 기업 속에서는 어떤가를 고려하여 그 최대공약수를 충족할 수 있는 금액이면 타당한 기준이 될 것입니다. 그리고 여러분들은 상대방의 이익과 인격을 존중할 줄 아는 인격체가 되어야 할 것입니다. 대국적인 입장에서 판단하지 않고 자신의 일밖에 생각하지 않는 사람들과 나는 손을 잡고 일을 할 생각은 없습니다. 내가 이 회사에서 직원, 기능공, 영업맨들에 대한 차별(구별)을 하지 않는 것은 학교를 나왔다, 나오지 않았다에 따라 인간을 구별하고 싶지 않기 때문입니다. 본래 평등해야 할 인간에게 어째서 이와 같은 구별이 필요합니까. 이와 같은 나의 신념은 회사의 생존 경력과 현재를 보면 알 수 있을 것입니다. 경영학자가 아니기 때문에 경영의 입장을 생각하지 않는다고 하는 것은 인간으로서 상대방의 입장에서서 생각하지 않는 것과 같은 것입니다. 경영은 모두의 협력에 의해 성립되는 것입니다. 인간이 인정人情, 연민의 정을 느낌으로 하여 도덕이 생겨나는 것이며 또한 인간의 성장이 존재하게 된다는 점을 인식할 필요가 있다고 봅니다.

◇ 때가 오면 인간은 죽지 않을 수 없습니다. 경영자가 나이를 먹음에 따라 두뇌력(발상력)이 쇠퇴해지고 있는데도 언제까지나 사장으로 있는 것은 곤란합니다. 혼다기연의 '혼다' 라는 이름을 붙이니 세간에서는 나의 회사가 아니겠느냐고 생각하는 사람들도 있는 것 같습니다. 그러나 나는 그것이 매우 싫은 기분이 듭니다. 왜냐하면 회사는 어디까지나 주주들의 소유이기 때문입니다, 즉, 주주 여러분들이 전망이 있는 회사라고 믿고 투자했기 때문인 것입니다. 세상의 변화가 급진적으로 빨라지고 있는데 나와 같은 노인이 경영자(대표)로만 그대로 눌러 있어서는 주주들에게 폐가 되지 않을 수 없을 것입니다. 우리들의 생명은 주식과 같이 영원하지 않습니다. 때가 오면 죽지 않을 수 없는 것입니다. 점차적으로 나이를 먹어감에 따라 두뇌도 쇠퇴해지는데 언제까지나 사장 자리를 고수할 수는 없는 일입니다. 나이를 먹으면 젊은이들에게 지는 것은 뻔한 일입니다. 이는 마라톤 경기와도 유사하다고 봅니다. 즉, 젊은 사람들과 함께 달리게 되면 뒤처질 것은 당연한 일입니다. 이런 점에서 나이가 들면 시대 변화와 함께 후진에게 자리를 물려줄 수 있도록 하는 사전 준비가 필요합니다.

◇ 혼다에는 현재까지 학벌은 존재하지 않습니다. 만약 만들고자 한다면 초등학교벌閥을 만들고 싶습니다. 학벌이 문제가 되고 있는 시대입니다. 제2차 세계대전 이전에는 군벌軍閥이 위세를 떨치던 시대였으나 평화로운 시대가 된 전후부터는 학벌이

맹위를 떨치고 있습니다. 유명한 대학을 나오지 못하면 좋은 회사에 취직할 수 없게 되자 좋은 대학에 들어가기 위해 좋은 고교, 좋은 중학교, 좋은 초등학교를 선호하게 되었고 드디어는 시험지옥에 휩싸이지 않을 수 없게 되었습니다. 주지의 사실이지만 혼다 사장인 나는 초등학교밖에 나오지 못했습니다. 대학을 나오지 않았기 때문에 피력하는 이야기는 아니지만 결코 학력의 좋고 나쁨으로 하여 모든 것을 정하려고 하는 풍조는 아무래도 바보스런 생각인 것 같습니다. 우리 회사에도 대학 출신의 사원이 많이 있습니다. 나는 언제나 그들에게 이렇게 말하고 있습니다.

'여러분들은 대학에서 기계를 전공했다든가, 혹은 디자인을 전공하는 등 나름대로 전문가가 되기 위해 노력했을 줄 압니다. 대학 수업이 4년이라고 해도 그곳에는 일반교양 과목이 있고, 여름 방학이 있으며 휴강이 있습니다. 따라서 이를 하루 7시간 노동으로 환산해 본다면 대략 3개월 정도 공장에서 근무한 정도가 될 것입니다. 물론 전혀 학교에 다니지 않았던 사람보다는 학교에 다닌 것이 출발이 빠른 것은 사실이지만 긴 인생의 마라톤에서 그것을 골인으로 연결시킨다는 것은 아무래도 무리일 것입니다.'

이런 점에서 혼다에는 지금껏 학벌이라고 하는 것은 존재하지 않았습니다. 따라서 가령 만들고자 한다면 대학벌이 아닌 초등학교벌을 만들고 싶은 것입니다.

◇ 회사는 2차적인 것입니다. 1차적으로는 누구를 막론하고 자기 자신이 가장 중요합니다. 나는 회사 직원 모두에게 자신의 행복을 위해 일하라고 말하고 있습니다. 언제나 회사를 위해서가 아닌 자신을 위해서 일하라고 말입니다. 즉, 사원이 행복해지기 위한 수단이 곧 회사 근무인 것입니다. 어쨌든 개인 개인이 큰 집단과 회사의 그늘에 묻혀 있으면서 진정으로 적나라한 인간성을 표출하고 감동하면서 일을 한다는 것은 아무래도 무리인 것입니다.

유능한 사람은
이것이 다르다

말

개정판 1쇄 발행 | 2022년 02월 10일
개정판 3쇄 발행 | 2024년 05월 31일

지은이 | 김승용

발행인 | 김선희 · 대 표 | 김종대
펴낸곳 | 도서출판 매월당
책임편집 | 박옥훈 · 디자인 | 윤정선 · 마케터 | 양진철 · 김용준

등록번호 | 388-2006-000018호
등록일 | 2005년 4월 7일
주소 | 경기도 부천시 소사구 중동로 71번길 39, 109동 1601호
       (송내동, 뉴서울아파트)
전화 | 032-666-1130 · 팩스 | 032-215-1130

ISBN 979-11-7029-210-4 (13320)